Mehmet Sahinoglu
Scott Morton
Chandra Vadla

Ferramenta de avaliação e gestão de riscos na nuvem para utilizadores e fornecedores

Mehmet Sahinoglu
Scott Morton
Chandra Vadla

Ferramenta de avaliação e gestão de riscos na nuvem para utilizadores e fornecedores

ScienciaScripts

Imprint

Any brand names and product names mentioned in this book are subject to trademark, brand or patent protection and are trademarks or registered trademarks of their respective holders. The use of brand names, product names, common names, trade names, product descriptions etc. even without a particular marking in this work is in no way to be construed to mean that such names may be regarded as unrestricted in respect of trademark and brand protection legislation and could thus be used by anyone.

Cover image: www.ingimage.com

This book is a translation from the original published under ISBN 978-613-4-91786-5.

Publisher:
Sciencia Scripts
is a trademark of
Dodo Books Indian Ocean Ltd. and OmniScriptum S.R.L publishing group

120 High Road, East Finchley, London, N2 9ED, United Kingdom
Str. Armeneasca 28/1, office 1, Chisinau MD-2012, Republic of Moldova, Europe
Printed at: see last page
ISBN: 978-620-8-09912-1

Índice

RESUMO 2

I.   INTRODUÇÃO 4

II. MEDIDOR DE RISCO: UM BREVE RESUMO 5

III. FUNDAMENTOS DO MEDIDOR DE RISCO NA NUVEM (OU RM) 12

IV. DEBATES E CONCLUSÕES 20

V.   REFERÊNCIAS 21

APÊNDICE 23

SOBRE OS AUTORES 104

FERRAMENTA DE AVALIAÇÃO E GESTÃO DE RISCOS NA NUVEM PARA UTILIZADORES E FORNECEDORES

M. Sahinoglu‧, S. Morton, C. Vadla, K. Medasani

Universidade de Auburn em Montgomery (AUM)

msahinog@aum. edu, smorton1@aum.edu, cvadla@aum. edu, kmedasan@aum.edu
* Autor correspondente

RESUMO

Os fornecedores de computação em nuvem esforçam-se por fornecer um serviço ótimo com o mínimo de interrupções e problemas. Para tal, terão de saber o que os seus clientes sentem, de modo a poderem contrariar as vulnerabilidades e os factores de risco que ameaçam a segurança, a facilidade de utilização e a satisfação geral. Para o efeito, os fornecedores de computação em nuvem terão de efetuar avaliações da satisfação dos clientes para determinar a sua experiência com o serviço. O Cloud Risk Meter é o algoritmo desenvolvido pelo autor principal. Esta ferramenta de software facilita a avaliação e a gestão do risco na nuvem. Utilizando a teoria dos jogos e metodologias baseadas em estatísticas, fornece uma avaliação objetiva e quantitativa dos riscos e, ao contrário de qualquer outra ferramenta atualmente disponível, orientações para a afetação de recursos com vista a reduzir um risco indesejável para um "nível tolerável" determinado pelo utilizador. O medidor de risco de nuvem fornece uma ferramenta crítica de avaliação e gerenciamento para provedores de computação em nuvem, bem como para seus clientes. Como tal, os profissionais do sector e os seus clientes serão grandemente ajudados nos seus esforços para alcançar uma maior segurança na nuvem através da utilização desta ferramenta racional e objetiva para avaliar e mitigar o risco.

Palavras-chave: Computação em nuvem, Avaliação e Gestão de Riscos, Ferramenta de Software de Medição de Riscos, Vulnerabilidade, Ameaça, Contramedida, Satisfação do Cliente

I. INTRODUÇÃO

Mesmo com todas as garantias de segurança total dos centros de dados, continua a ser menos seguro alojar dados importantes num servidor CLOUD virtual do que numa máquina física dedicada (Anthes, 2010). Algumas vozes fortes são as seguintes: "Imaginem o que aconteceria se os hackers tivessem acesso aos dados de milhares de pessoas. Seria nada menos do que uma catástrofe (especialmente para as empresas) e o centro de dados teria praticamente de parar todos ou alguns dados de saída enquanto resolvem o problema, o que significa tempo de inatividade não só para um, mas para muitos clientes e respectivos sítios e dados" (Greengard, 2010). Boland (2011) estuda a Nuvem Privada. Ver Srinivasan et al. para mais pormenores.

O CLOUD Risk-Meter é uma ferramenta automatizada para coleta de informações, quantificação, avaliação e gerenciamento de riscos com boa relação custo-benefício. Além disso, fornece conselhos objectivos de mitigação baseados em dólares, permitindo ao utilizador ver onde os seus fundos serão mais bem afectados para reduzir o risco para um nível aceitável. O risco informático da CLOUD será analisado no contexto das categorias de vulnerabilidade (Grobauer et al. 2011), das ameaças apresentadas e das contramedidas específicas. As contramedidas contra as ameaças são utilizadas para mitigar o risco e reduzi-lo para um nível desejável.

Utilizando técnicas de otimização da teoria dos jogos, o utilizador verá como os seus recursos orçamentais podem ser mais bem gastos no sentido de um plano de atribuição ótimo, de modo a reduzir o risco indesejável para um nível mais tolerável (Sahinoglu, 2011). Antes de nos debruçarmos sobre o RM CLOUD, é oportuno resumir brevemente os elementos essenciais da metodologia do Medidor de Segurança (ou Risco) (Sahinoglu, 2005, 2007, 2008, 2009, 2010, 2016). São necessárias medições de risco quantitativas e inovadoras para comparar objetivamente as alternativas de risco e gerir os riscos, em comparação com as conjecturas convencionais que utilizam calculadoras manuais.

II. MEDIDOR DE RISCO: UM BREVE RESUMO

A conceção do Security Meter (SM) ou Risk-Meter (RM) fornece a ferramenta quantitativa que é imperativa no mundo da segurança. Para uma conceção estatística prática e precisa, as violações de segurança serão registadas de modo a estimar as probabilidades de entrada do modelo utilizando as equações de risco desenvolvidas. As ameaças indesejáveis (com e sem bluffs) que tiram partido das vulnerabilidades do hardware e do software podem quebrar a disponibilidade, a integridade, a confidencialidade, o não-repúdio e outros aspectos da qualidade do software, como a autenticação, a privacidade e a encriptação. A Figura 1 abaixo ilustra as constantes do modelo SM (ou RM) como o custo de utilidade ou o ativo em dólares e uma constante de criticidade. Essas entradas probabilísticas são a vulnerabilidade, a ameaça e a ausência de contramedida, todas avaliadas entre 0 e 1 (Sahinoglu, 2005). Ver Benini et al. (2008) para mais recursos. O SM é descrito nas subsecções seguintes.

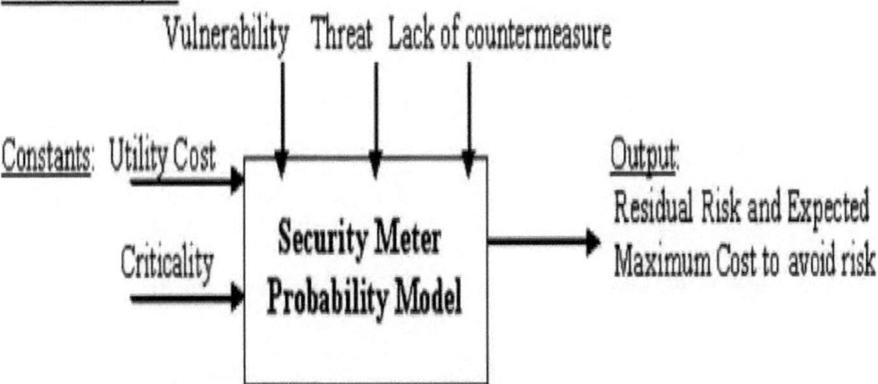

Figura 1: Modelo do contador de segurança com entradas probabilísticas e determinísticas e saídas calculadas.

Diagrama de árvore probabilístico

Dado que um sistema ou componente de amostra simples tem dois ou mais resultados para cada fator de risco, vulnerabilidade, ameaça e contramedida, a seguinte estrutura probabilística é válida para as somas $\sum vi = 1$ e $\sum tij = 1$ para cada i, e a soma de LCM

+ CM = 1 para cada ij, dentro da estrutura do diagrama em árvore na Figura 2 na página seguinte. Usando as entradas probabilísticas, obtemos o risco residual = vulnerabilidade x ameaça x falta de contramedida (onde x denota vezes). Ou seja, se somarmos todos os riscos residuais devidos à falta de contramedidas, podemos calcular o risco residual global. Aplicamos o fator de criticidade ao risco residual para calcular o risco final. Em seguida, aplicamos o custo do investimento de capital ao risco final para determinar o custo esperado da perda (ECL), que ajuda a orçamentar a prevenção (antes do ataque) ou a reparação (após o ataque) de todo o risco, em que o risco final = risco residual x criticidade, enquanto o ECL ($) = risco final x custo de capital.

Cálculos algorítmicos

A Figura 1 conduz a um exemplo de diagrama de árvore probabilístico da Figura 2 para efetuar os cálculos. Por exemplo, em 100 tentativas de malware, o número de ataques de penetração não evitados dará a estimativa da percentagem de LCM. É possível, então, rastrear a causa raiz do nível de ameaça retrospetivamente no diagrama de árvore. Um exemplo de ciberataque: 1) Ocorre um ataque de pirataria informática como ameaça. 2) O software de firewall não o detecta. 3) Em resultado deste ataque, cuja ameaça de raiz é conhecida, a "rede", enquanto vulnerabilidade, é explorada. Isto ilustra a "linha de ataque" no diagrama de árvore, como na Figura 2. Dos ataques que não são evitados por uma determinada contramedida (CM), quantos deles foram causados pela ameaça 1 ou 2, etc., a uma determinada vulnerabilidade 1 ou 2, etc.? Calculamos como na Figura 2. Risco residual (RR) = Vulnerabilidade x Ameaça x LCM, para cada ramo e depois procedemos à soma dos RRs para obter o risco residual total (TRR). Vamos supor que temos o diagrama de árvore de risco de entrada da Figura 3 e o gráfico de probabilidade de risco de entrada da Tabela 1 (páginas seguintes) para um exemplo de estudo de cuidados de saúde em que apenas as caixas destacadas no diagrama de árvore da Figura 3 são selecionadas para um estudo de caso.

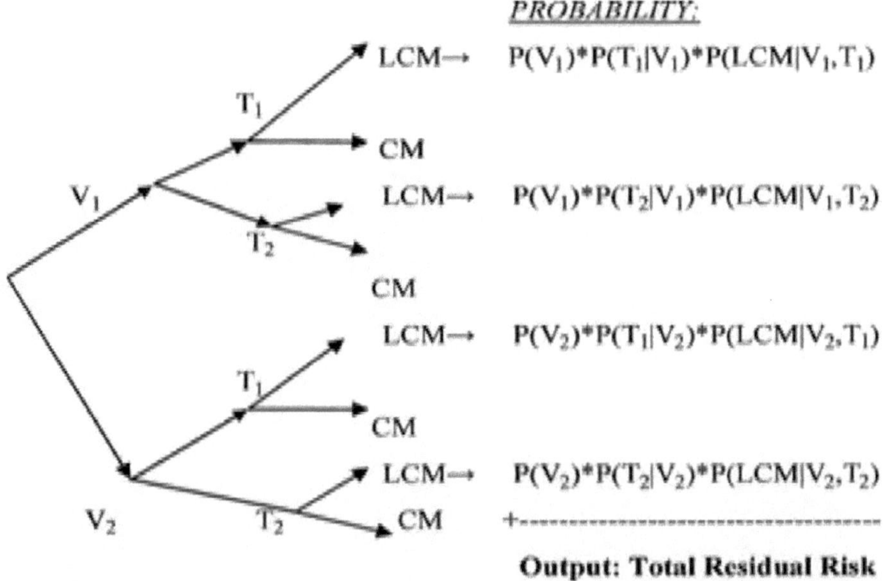

Figura 2: Diagrama de árvore geral (ramos em V, ramos em T, membros LCM) utilizado para o modelo RM.

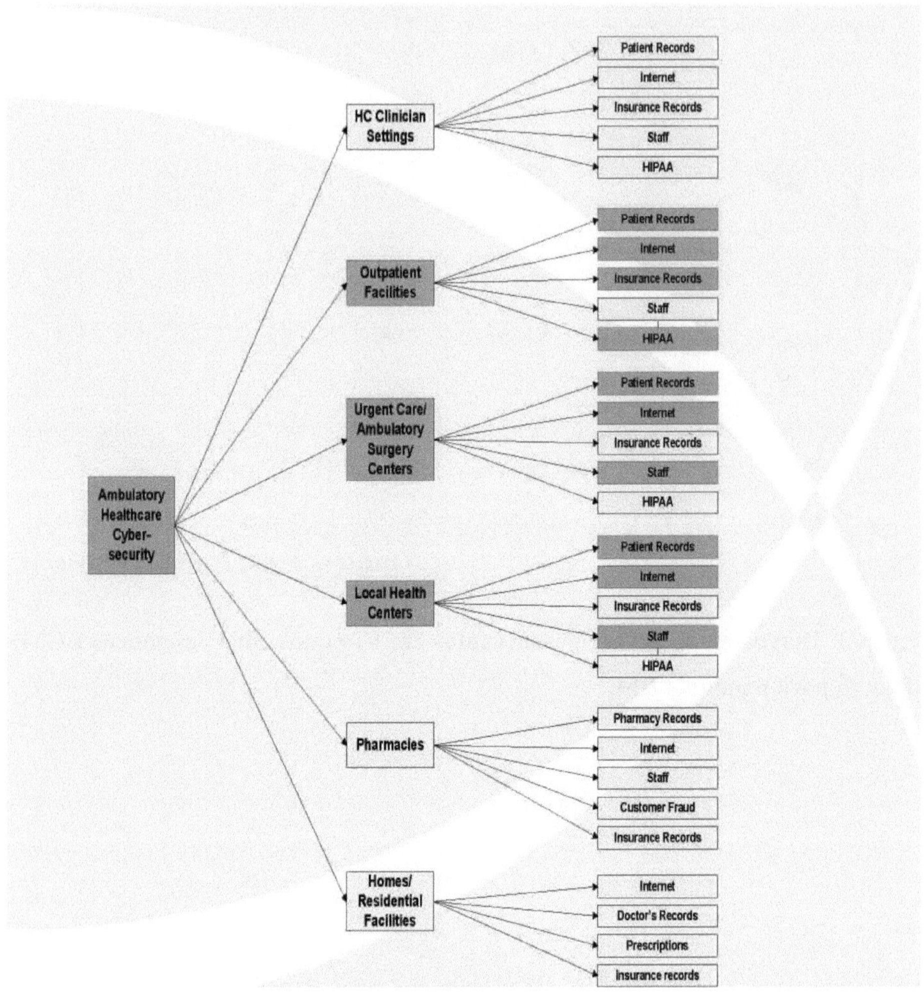

Figura 3: Diagrama em árvore do medidor de segurança relacionado com os cuidados de saúde com selecções destacadas.

Tabela 1: Dados de risco de entrada de vulnerabilidade-ameaça-contramedida para as Figuras 3 e 4 (Diagrama de árvore de cuidados de saúde e RM).

Vulnerability	Threat	Countermeasure
$V_1 = 0.35$ (Outpatient Facilities)	$T_{11} = 0.48$ (Patient records)	$CM_{11} = 0.70$ $LCM_{11} = 0.30$ by Subtraction
	$T_{12} = 0.16$ (Internet)	$CM_{12} = 0.42$ $LCM_{12} = 0.58$ by Subtraction
	$T_{13} = 0.32$ (Insurance Records)	$CM_{13} = 0.97$ $LCM_{13} = 0.03$ by Subtraction
	$T_{14} = 0.04$ (HIPPA)	$CM_{14} = 0.80$ $LCM_{14} = 0.20$ by Subtraction
$V_2 = 0.26$ (Urgent Care/Surgery)	$T_{21} = 0.22$ (Patient records)	$CM_{21} = 0.35$ $LCM_{21} = 0.65$ by Subtraction
	$T_{22} = 0.02$ (Internet)	$CM_{22} = 0.35$ $LCM_{22} = 0.65$ by Subtraction
	$T_{23} = 0.76$ (Staff)	$CM_{23} = 0.96$ $LCM_{23} = 0.04$ by Subtraction
$V_3 = 0.39$ (Local Health Centers)	$T_{31} = 0.32$ (Patient records)	$CM_{31} = 0.72$ $LCM_{31} = 0.28$ by Subtraction
	$T_{32} = 0.59$ (Internet)	$CM_{32} = 0.70$ $LCM_{32} = 0.30$ by Subtraction
	$T_{33} = 0.09$ (Staff)	$CM_{33} = 0.46$ $LCM_{33} = 0.54$ by Subtraction

Note the meanings of the following countermeasures; CM22 = CM12; CM31= CM21; CM32=CM22; CM33 = CM23, as tabulated in Table 1.

CM11: Control access, secure, backup, enforce strict policy of sharing records, and let patients decide when records can be disclosed.

CM12: Anti-phishing, firewall, anti-malware scans, off-site backup of insurance records, policy limiting of records vs. insiders, patients control of records.

CM13: Limit access to paper records, secure with passwords and encryption, off-site backup, limiting the share of records.

CM14: Compliance with HIPPA, privacy officer to develop and implement HIPPA policies and procedures, third parties doing business procedures complying with HIPPA, limit access to hardware/software facilities, authentication of those whom you communicate with.

CM21: Prevention of easy access to paper records, secure e-records using frequent passwords and encryption, backup of records off-site and local, patients' control of records.

CM23: Screen staff before hiring, limit who can access records, and prohibit staff from sharing passwords, staff trained in patient privacy and confidentiality, staff rendered conversant with HIPPA.

Esclarecimentos sobre a gestão dos riscos no quadro 1 e nas figuras 3 e 4

Utilizando a entrada da Tabela 1 e os resultados das Figuras 2 e 3, e de modo a melhorar o risco de base através da mitigação de 26% para 10%, implementamos as quatro acções recomendadas prioritárias. 1) Aumentar a capacidade de CM para a vulnerabilidade de "Instalações ambulatórias" e a sua ameaça "Registos de doentes" dos actuais 70% para 100%. 2) Aumentar a capacidade de CM para a vulnerabilidade dos "Centros de Cirurgia de Cuidados Urgentes" e a sua ameaça "Registos de doentes" dos actuais 96% para 100%. 3) Aumentar a capacidade de CM para a vulnerabilidade dos "Centros Locais de Saúde" e a sua ameaça "Registos de doentes" dos actuais 72% para 98,54%. 4) Aumentar a capacidade de CM para a vulnerabilidade dos "Centros de Saúde Locais" e a sua ameaça "Internet" dos actuais 70% para 99,99%.

Ao tomar estas medidas, como na Figura 4 na página seguinte, é dispensado um montante total de 510 dólares (< 513,30 dólares como aconselhado) cada um dentro dos limites dos custos óptimos anotados, ficando abaixo do custo de equilíbrio de 5,67 dólares por % de melhoria. O passo seguinte prossegue com a otimização para uma percentagem seguinte desejável, uma vez que estas aquisições ou serviços são fornecidos, tal como 5% atenuados de 10% se o orçamento o permitir. A ferramenta RM pode servir como um sistema pericial de auditoria para contornar as críticas relativas aos planos de orçamentação para gerir o risco.

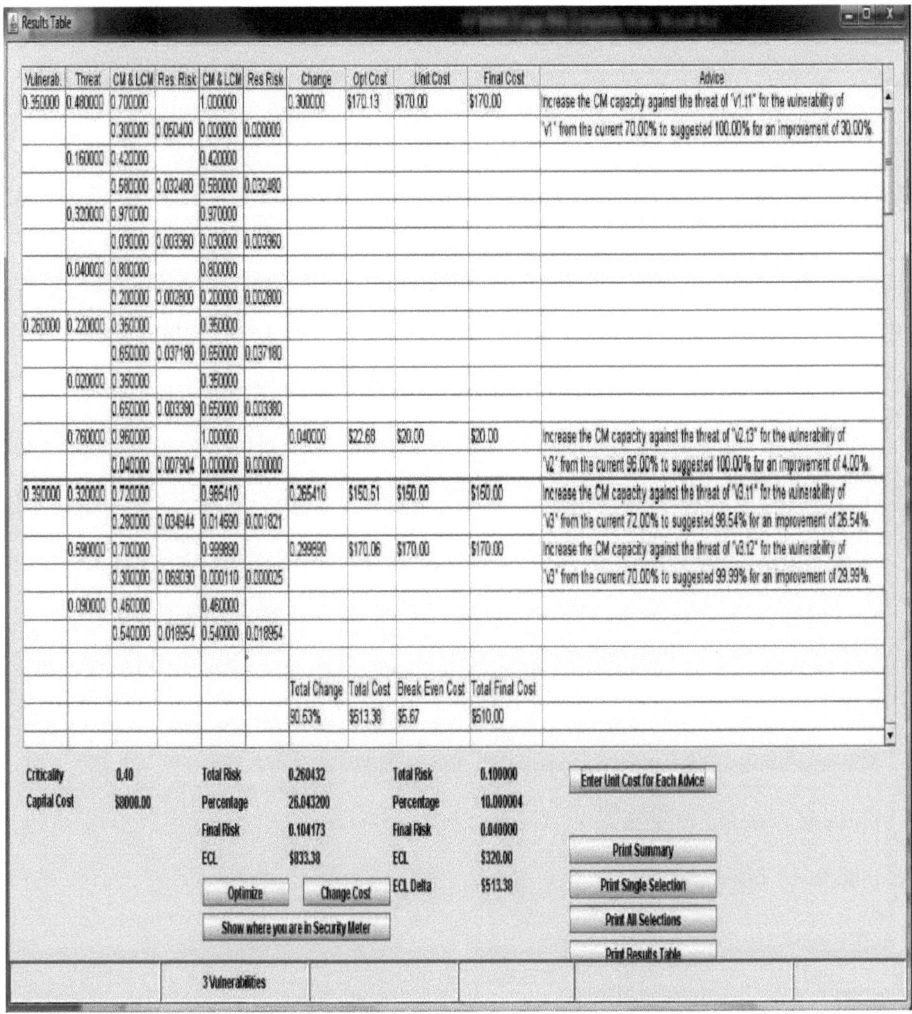

Vulnerab.	Threat	CM & LCM	Res. Risk	CM & LCM	Res Risk	Change	Opt Cost	Unit Cost	Final Cost	Advice
0.350000	0.480000	0.700000		1.000000		0.300000	$170.13	$170.00	$170.00	Increase the CM capacity against the threat of "v1.t1" for the vulnerability of
		0.300000	0.050400	0.000000	0.000000					'v1' from the current 70.00% to suggested 100.00% for an improvement of 30.00%.
	0.160000	0.420000		0.420000						
		0.580000	0.032480	0.580000	0.032480					
	0.320000	0.970000		0.970000						
		0.030000	0.003360	0.030000	0.003360					
	0.040000	0.800000		0.800000						
		0.200000	0.002800	0.200000	0.002800					
0.260000	0.220000	0.350000		0.350000						
		0.650000	0.037180	0.650000	0.037180					
	0.020000	0.350000		0.350000						
		0.650000	0.003390	0.650000	0.003390					
	0.760000	0.960000		1.000000		0.040000	$22.68	$20.00	$20.00	Increase the CM capacity against the threat of "v2.t3" for the vulnerability of
		0.040000	0.007904	0.000000	0.000000					'v2' from the current 96.00% to suggested 100.00% for an improvement of 4.00%.
0.390000	0.320000	0.720000		0.985410		0.265410	$150.51	$150.00	$150.00	Increase the CM capacity against the threat of "v3.t1" for the vulnerability of
		0.280000	0.034944	0.014590	0.001821					'v3' from the current 72.00% to suggested 98.54% for an improvement of 26.54%.
	0.590000	0.700000		0.999890		0.299890	$170.06	$170.00	$170.00	Increase the CM capacity against the threat of "v3.t2" for the vulnerability of
		0.300000	0.069030	0.000110	0.000025					'v3' from the current 70.00% to suggested 99.39% for an improvement of 29.39%.
	0.090000	0.460000		0.460000						
		0.540000	0.018954	0.540000	0.018954					
						Total Change	Total Cost	Break Even Cost	Total Final Cost	
						90.53%	$513.38	$5.67	$510.00	

Figura 4: Exemplo de uma gestão de risco optimizada em termos de custos baseada na teoria dos jogos para o quadro 1 e o diagrama de árvore da figura 3.

III. FUNDAMENTOS DO MEDIDOR DE RISCO NA NUVEM (OU RM)

O CLOUD RM tem duas versões incorporadas. A versão de fornecedor do CLOUD RM está orientada para fornecedores de serviços e utilizadores empresariais. A versão de cliente do CLOUD RM destina-se a utilizadores finais individuais e de pequenas empresas, para os quais está incluída uma nova vulnerabilidade intitulada Perceção do cliente (PR) e transparência. À semelhança da Figura 3, comecemos com um diagrama de árvore abrangente relevante, como na Figura 5 da página seguinte.

Uma lista exaustiva de vulnerabilidades para o RM CLOUD com as respectivas ameaças (Sahinoglu e Morton, 2011):

Acessibilidade e privacidade

- Ameaças:

- Controlos insuficientes baseados na rede

- Intrusão interna/externa

- Má gestão das chaves e criptografia inadequada

- Falta de disponibilidade

Capacidade do software

- Ameaças:

- Incompatibilidade de software

- Código inseguro

- Falta de software de fácil utilização

- Aplicações CLOUD inadequadas

Protocolos da Internet

- Ameaças:

- Aplicações e serviços Web

- Falta de segurança e privacidade

- Virtualização

Criptografia inadequada

Capacidade e escalabilidade do servidor

- Ameaças:

- Falta de hardware suficiente

- Falta de escalabilidade do hardware existente

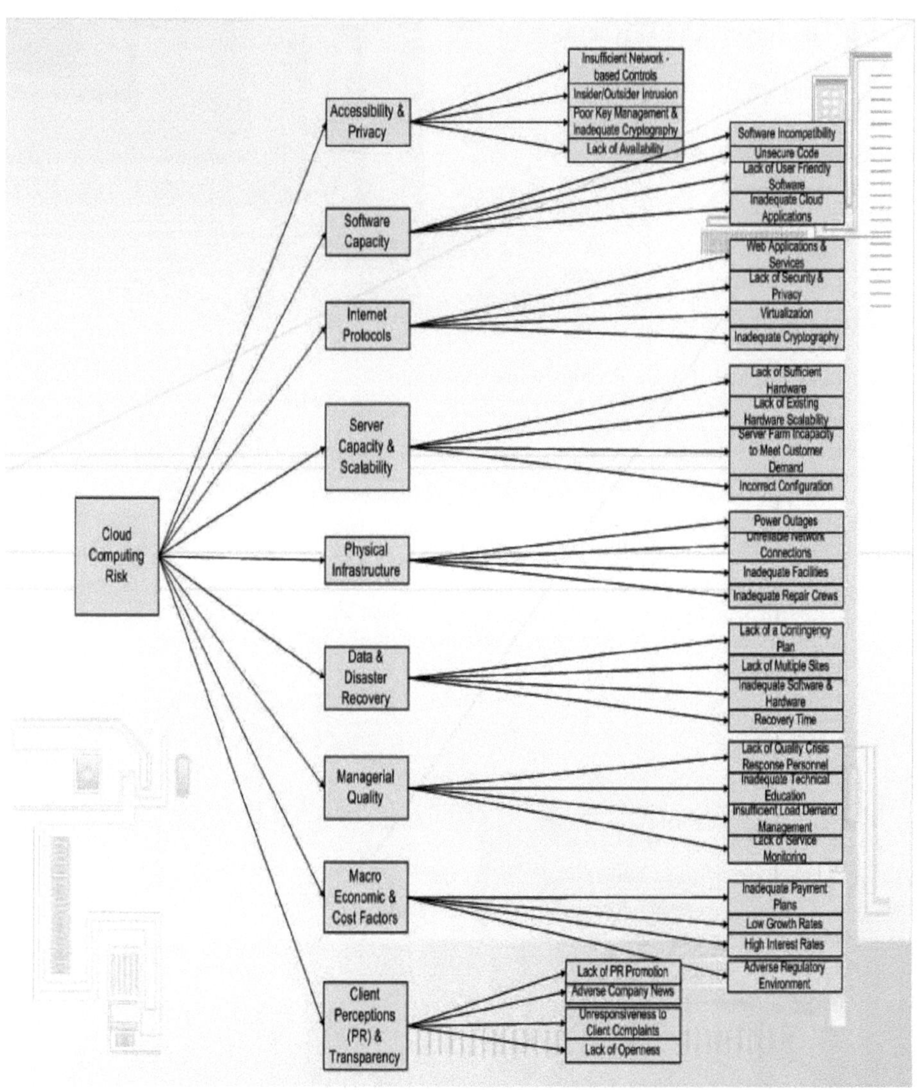

Figura 5: Diagrama de árvore para o medidor de risco CLOUD: Abrangente (incluindo Cliente e Anfitrião).

- Incapacidade do parque de servidores para satisfazer a procura dos clientes

- Configuração incorrecta

Infra-estruturas físicas

- Ameaças:

- Falhas de energia

- Ligações de rede não fiáveis

- Instalações inadequadas

- Equipas de reparação inadequadas

Recuperação de dados e catástrofes

- Ameaças:

- Falta de um plano de contingência

- Falta de múltiplos sítios

- Software e hardware inadequados

- Tempo de recuperação

Qualidade de gestão

- Ameaças:

- Falta de pessoal de qualidade para a resposta a situações de crise

- Ensino técnico inadequado

- Gestão insuficiente da procura de carga

- Falta de controlo dos serviços

Factores macroeconómicos e de custos

- Ameaças:

- Planos de pagamento inadequados

- Baixas taxas de crescimento

- Taxas de juro elevadas

- Ambiente regulamentar adverso

Percepções dos clientes (RP) e transparência

- Ameaças:

- Falta de promoção de relações públicas

- Notícias adversas da empresa

- Falta de resposta às queixas dos clientes

Falta de abertura

Natureza das perguntas da avaliação de risco CLOUD

As perguntas são concebidas para obter a resposta do utilizador relativamente ao risco percebido de ameaças específicas e às contramedidas que os utilizadores podem empregar para neutralizar essas ameaças. Por exemplo, no que respeita à vulnerabilidade dos protocolos da Internet, as perguntas relativas à virtualização incluem perguntas sobre ameaças e contramedidas.

As perguntas de ameaça incluem:

- Os dispositivos de virtualização do seu fornecedor têm definições de inspeção de pacotes definidas por defeito?

- É provável a fuga para o hipervisor no caso de uma violação da plataforma de virtualização?

- O seu fornecedor utiliza o hipervisor Virtual PC da Microsoft?

- O seu fornecedor não analisa o sistema de clientes correto?

- O seu fornecedor não monitoriza as suas máquinas virtuais?

As perguntas de contramedida incluiriam:

- Os dispositivos de virtualização do fornecedor inspeccionaram todos os pacotes?

- O fornecedor alargou o seu processo de gestão de vulnerabilidades e configurações à plataforma de virtualização?

- O fornecedor corrigiu a vulnerabilidade ou mudou para outra plataforma?

- O fornecedor leu as informações actuais sobre os activos ou a implementação a partir da CLOUD e, em seguida, actualizou dinamicamente as informações do endereço IP antes do início dos exames?

■ O fornecedor utilizou a aplicação baseada no Controlo de Acesso à Rede para monitorização contínua da sua população de máquinas virtuais e prevenção da expansão de máquinas virtuais?

Cálculo e atenuação dos riscos

Essencialmente, os utilizadores respondem sim ou não a estas perguntas. Estas respostas são utilizadas para calcular o risco residual. Utilizando uma abordagem de otimização teórica do jogo, o índice de risco calculado é utilizado para gerar um plano de custo optimizado para reduzir o risco para níveis toleráveis dos indesejados ou inaceitáveis. Serão gerados conselhos de mitigação para mostrar ao utilizador em que áreas o risco pode ser reduzido para níveis optimizados ou desejados, como de 52,83% para 20,00% na captura de ecrã do inquirido mediano (apresentando índices de ameaça, contramedida e risco residual; opções de otimização; bem como conselhos de mitigação do risco). Para este estudo, foi selecionada uma amostra aleatória de 31 inquiridos e os resultados do risco residual são tabulados e apresentados no Anexo A, juntamente com as capturas de ecrã individuais da avaliação do risco residual no Anexo B, no final deste documento. Além disso, consulte o Apêndice C para ver o Inquérito sobre o risco na nuvem em formato XML. A familiaridade dos entrevistados com o risco de segurança na nuvem era composta de experiência pessoal e corporativa.

Esclarecimentos sobre a gestão do risco para as figuras 5 e 6

Utilizando os resultados do MR para a etapa de avaliação do risco da Figura 6 na página seguinte, e de modo a mitigar o risco de base de 52,83% para 20,00%, implementamos as três acções recomendadas prioritárias do MR. 1) Aumentar a capacidade de gestão para a vulnerabilidade "Protocolos da Internet" e a sua ameaça "Falta de segurança e privacidade" dos actuais 50,00% para 99,99%, para uma melhoria de 49,99%. 2) Aumentar a capacidade do MC para a vulnerabilidade "Qualidade da Gestão" e a sua ameaça "Falta de Pessoal de Qualidade para Resposta a Crises" dos actuais 45,00% para 100,00%, para uma melhoria de 55,00%. 3) Aumentar a capacidade de CM para a vulnerabilidade "Qualidade de Gestão" e a sua ameaça "Falta de Monitorização do

Serviço" dos actuais 40,00% para 58,91%, para uma melhoria de 18,91%. As etapas adicionais prosseguem com a otimização para uma percentagem seguinte desejável, uma vez que estas aquisições ou serviços sejam fornecidos, tal como mitigados para 10,00% de 20,00% se o orçamento ainda existir. Ver Figura 6 para a etapa de mitigação e otimização.

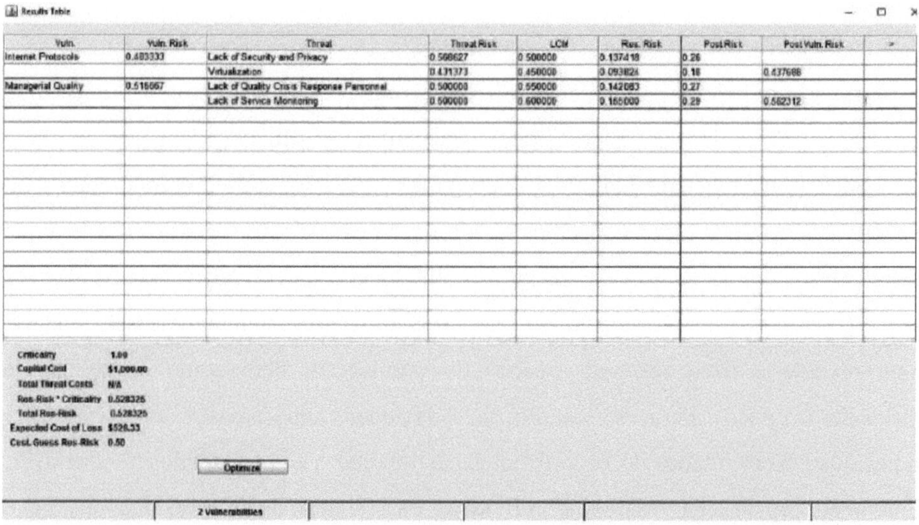

Results Table — □ ×

Vuln.	Vuln. Risk	Threat	Threat Risk	LCM	Res. Risk	PostRisk	Post Vuln. Risk	
Internet Protocols	0.483333	Lack of Security and Privacy	0.568627	0.500000	0.137418	0.26		
		Virtualization	0.431373	0.450000	0.093824	0.18	0.437688	
Managerial Quality	0.516667	Lack of Quality Crisis Response Personnel	0.500000	0.550000	0.142083	0.27		
		Lack of Service Monitoring	0.500000	0.600000	0.165000	0.29	0.562312	

Criticality   1.00
Capital Cost $1,000.00
Total Threat Costs   N/A
Res-Risk * Criticality   0.528325
Total Res-Risk   0.528325
Expected Cost of Loss $528.33
Cost. Guess Res-Risk   0.50

[Optimize]

2 Vulnerabilities

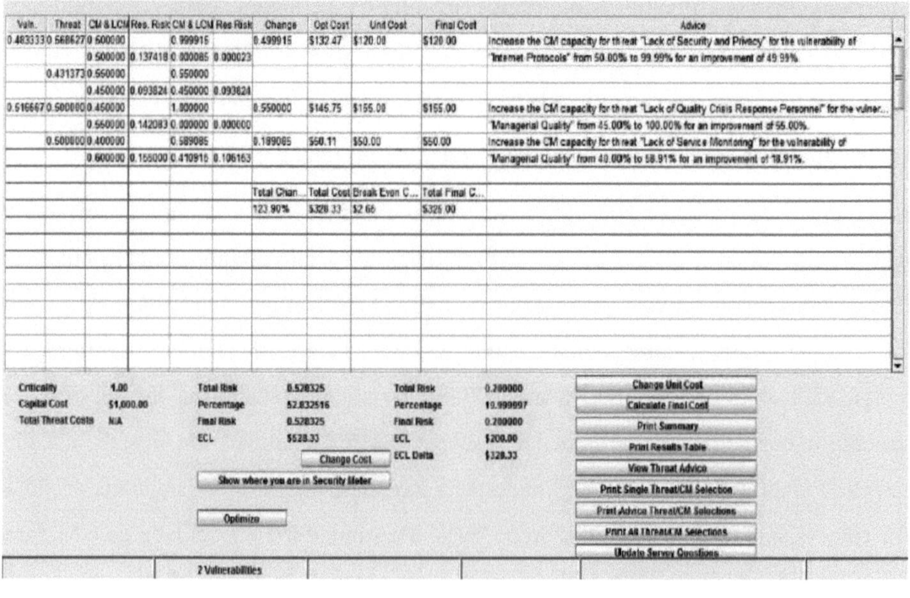

Vuln.	Threat	CM & LCM	Res. Risk	CM & LCM	Res Risk	Change	Opt Cost	Unit Cost	Final Cost	Advice
0.483333	0.568627	0.600000		0.999915		0.499915	$132.47	$120.00	$120.00	Increase the CM capacity for threat "Lack of Security and Privacy" for the vulnerability of
		0.500000	0.137418	0.000085	0.000023					"Internet Protocols" from 50.00% to 99.99% for an improvement of 49.99%.
	0.431373	0.550000		0.550000						
		0.450000	0.093824	0.450000	0.093824					
0.516667	0.500000	0.450000		1.000000		0.550000	$146.75	$155.00	$155.00	Increase the CM capacity for threat "Lack of Quality Crisis Response Personnel" for the vulner...
		0.550000	0.142083	0.000000	0.000000					"Managerial Quality" from 45.00% to 100.00% for an improvement of 55.00%.
	0.500000	0.400000		0.589085		0.189085	$50.11	$50.00	$50.00	Increase the CM capacity for threat "Lack of Service Monitoring" for the vulnerability of
		0.600000	0.165000	0.410915	0.106163					"Managerial Quality" from 40.00% to 58.91% for an improvement of 18.91%.
						Total Chan...	Total Cost	Break Even C...	Total Final C...	
						123.90%	$328.33	$2.66	$326.00	

Criticality   1.00   Total Risk   0.528325   Total Risk   0.200000
Capital Cost $1,000.00   Percentage   52.832516   Percentage   19.999997
Total Threat Costs   N/A   Final Risk   0.528325   Final Risk   0.200000
   ECL $528.33   ECL $200.00
   [Change Cost]   ECL Delta $328.33

[Show where you are in Security Meter]

[Optimize]

[Change Unit Cost]
[Calculate Final Cost]
[Print Summary]
[Print Results Table]
[View Threat Advice]
[Print Single Threat/CM Selection]
[Print Advice Threat/CM Selections]
[Print All Threat/CM Selections]
[Update Survey Questions]

2 Vulnerabilities

Figura 6: Resultados da avaliação de risco RM Aplicando a Figura 5.

IV. DEBATES E CONCLUSÕES

A computação CLOUD, também vista como uma quinta utilidade depois da água, da energia eléctrica, da telefonia e do gás, deverá expandir-se dramaticamente se as questões da disponibilidade e da segurança puderem ser resolvidas de forma fiável. A ferramenta de simulação CLOUD (CREA) do autor e o seu posterior aperfeiçoamento contribuirão para essa expansão (Sahinoglu, 2011). Também o VaR de Monte Carlo é um método alternativo para a monitorização quotidiana do CLOUD (Kim et al., 2009).

Tanto o CRAM como o VaR de Monte-Carlo (como métodos de simulação), apenas citados aqui, e o CLOUD-RM (como método de recolha de informações para inquéritos a clientes) fornecerão soluções quantitativas de avaliação e gestão do risco se os dados corretamente recolhidos necessários para ambas as abordagens puderem ser justificados. Além disso, o método da cadeia de Markov só é útil para problemas de pequena escala, utilizado como alternativa de comparação teórica, principalmente porque os problemas de grande escala com um número excessivo de estados de Markov são difíceis de calcular, mesmo com supercomputadores com mais de 500 servidores.

O Medidor de Risco CLOUD é inovador na medida em que fornece uma avaliação quantitativa do risco para o utilizador, bem como recomendações para atenuar esse risco. Uma seção transversal de perguntas preliminares (sujeitas a alterações conforme exigido pela organização de gerenciamento do CLOUD) está listada na Tabela 2 após as Referências. Como tal, será uma ferramenta muito útil tanto para o utilizador final como para os profissionais de TI envolvidos na prestação de serviços CLOUD, devido às crescentes queixas dos clientes sobre a quebra de fiabilidade (Worthen e Vascellaro, 2009). Uma investigação mais aprofundada comanda práticas fiáveis de recolha de dados aleatórios para tornar estes dois métodos recomendados, ou seja, a simulação de eventos discretos (DES) e o RM (Risk-Meter), úteis e aplicáveis "ao melhor preço" para ajudar os gestores a avaliar e gerir o risco CLOUD, convencionalmente deixado ao acaso.

V. REFERÊNCIAS

Anthes, G (2010). "Security in the Cloud", Communications of the ACM 53(11), pp. 16-18, DOI:10.1145/1839676.1839683.

Benini M. e Sicari S (2008). "Risk Assessment in Practice: A Real Case Study", Computer Communications, Vol. 31, No. 15, pp. 3691-3699.

Boland Rita (2011). "Approval Granted for Private Software to Run in Secure Cloud", www.afcea.org, SIGNAL, Information Security, pp. 35-38.

Greengard, S (2010). "Cloud Computing and Developing Nations", Communications of the ACM. 53 (5), pp. 18-20.

Grobauer B., Walloschek, Stocker E (2011). "Understanding Cloud Computing Vulnerabilities", Vol. 9, No.2, IEEE Security & Privacy, 50-57.

Kim H., Chaudhuri S., Parashar M., Marty C (2009). "Online Risk Analytics on the Cloud", CCGRID'09 Actas do 9.º Simpósio Internacional IEEE/ACM de 2009 sobre Computação em Cluster e a Grelha, IEEE Computer Society, Washington DC, EUA.

Leavitt N. (2009). "Is Cloud Computing Really Ready for Prime Time", IEEE Computer, edição de janeiro, 15-20.

Sahinoglu Mehmet, Cueva-Parra L (2011). "Computação em CLOUD", WIREs Comp. Stat., 3:. Doi: 10.1002/wics.139; 47-68.

Sahinoglu, Mehmet (2007). Trustworthy Computing: Analytical and Quantitative Engineering Evaluation, Nova Iorque: John Wiley and Sons Inc.

Sahinoglu M., Morton S (2011). "CLOUD Computing Risk Assessment with Risk-o-Meter", AFITC (Conferência de Tecnologia da Informação da Força Aérea), Montgomery, AL.

Sahinoglu M (2005). "Security Meter - A Practical Decision Tree Model to Quantify Risk", IEEE Security and Privacy, 3 (3), abril/maio de 2005, 18-24.

Sahinoglu M (2008). "An Input-Output Measurable Design for the Security Meter Model to Quantify and Manage Software Security Risk", IEEE Trans on

Instrumentation and Measurement, 57(6), 1251-1260.

Sahinoglu M (2009). "Can We Quantitatively Assess and Manage Risk of Software Privacy Breaches?" [Podemos avaliar e gerir quantitativamente o risco de violação da privacidade do software? IJCITAE-International Journal of Computers, Information Technology and Engineering, Vol. 3 No. 2, pp. 65-70.

Sahinoglu M, Yuan Y-L, Banks D (2010). "Validation of a Security and Privacy Risk Metric Using Triple Uniform Product Rule", International Journal of Computers, Information Technology and Engineering, Vol. 4, No. 2, 125-135.

Sahinoglu M (2008). "Generalized Game Theory Applications to Computer Security Risk", Actas do Simpósio IEEE sobre Segurança e Privacidade, Oakland, CA, 18-21 de maio.

Sahinoglu, Mehmet (2016). Informática de risco cibernético: Avaliação de Engenharia com Ciência de Dados, Nova Iorque: John Wiley and Sons Inc.

Srinivasan S, Getov V (2011). "Navigating the Cloud Computing Landscape - Technologies, Services, and Adopters", IEEE Computer, edição de março, 22-28.

Worthen G, Vascellaro J (2009). "Falha no E Mail mostra as armadilhas do software online - Foto: Serviços como o Gmail funcionam em vastas quintas de computadores. Um centro da Google em Lenoir, N.C.", Media and Marketing, Wall Street Journal. B 4-5.

APÊNDICE

APPENDIX A: QUADRO DE RESULTADOS DO RISCO RESIDUAL DO INQUIRIDO

Resultados tabulados do inquérito para o Medidor de riscos na nuvem, classificados globalmente, em que Mediana: 52,83% (Respondente13) e Média: 51,29% (Respondente1: 51,34% é o resultado que mais se aproxima).

Tabela:

Order	Survey Taker	Residual Risk %	Ranked overall (out of 31)	Remarks
1	Respondent A1	51.346	19	
2	Respondent A2	48.7946	22	
3	Respondent A3	45.8073	26	
4	Respondent A4	31.105	30	
5	Respondent A5	31.7584	29	
6	Respondent A6	27.8276	31	
7	Respondent A7	40.342	28	
8	Respondent A8	53.7783	14	
9	Respondent A9	58.3667	8	
10	Respondent A10	64.961	1	
11	Respondent A11	55.6983	11	
12	Respondent A12	42.4699	27	
13	Respondent A13	52.8330	16	OVERALL MEDIAN = 52.8330
14	Respondent A14	48.9288	21	
15	Respondent A15	48.7917	23	
16	Respondent A16	54.1375	12	
17	Respondent A17	48.1667	24	
18	Respondent A18	56.8234	10	
19	Respondent A19	53.9611	13	
20	Respondent A20	61.2537	3	
21	Respondent A21	60.4333	4	
22	Respondent A22	52.3855	17	
23	Respondent A23	59.6423	6	
24	Respondent A24	57.147	9	
25	Respondent A25	51.4139	18	
26	Respondent A26	47.577	25	
27	Respondent A27	62.4311	2	
28	Respondent A28	58.5739	7	
29	Respondent A29	50.4044	20	
30	Respondent A30	59.7431	5	
31	Respondent A31	53.35	15	
			OVERALL AVERAGE	
			51.2919	

APPENDIX B: CAPTURAS DE ECRÃ DA AVALIAÇÃO E OPTIMIZAÇÃO DO RISCO RESIDUAL DOS INQUIRIDOS

RESPONDENT-1:

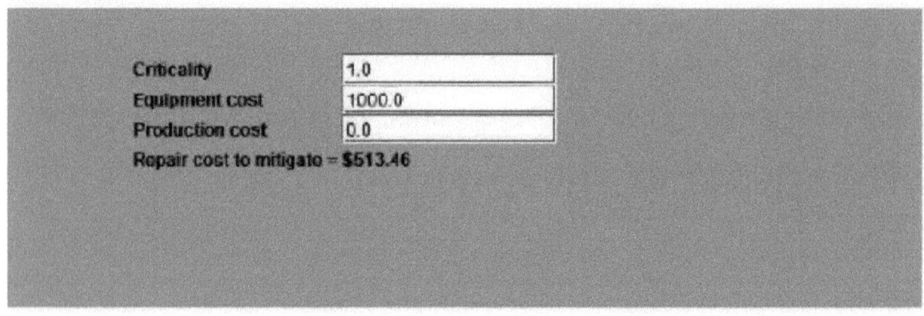

Vuln.	Vuln. Risk	Threat	Threat Risk	LCM	Res. Risk	Post Risk	Post Vuln. Risk	»
Internet Protocols	0.500000	Web Applications and Services	0.500000	0.450000	0.112500	0.22		
		Virtualization	0.500000	0.600000	0.150000	0.29	0.511236	!
Physical Infrastructure	0.500000	Unreliable Network Connections	0.519231	0.550000	0.142788	0.29		
		Inadequate Repair Crews	0.480769	0.450000	0.108173	0.21	0.488764	

```
Criticality             1.00
Capital Cost            $1,000.00
Total Threat Costs      N/A
Res.Risk * Criticality  0.513462
Total Res-Risk          0.513462
Expected Cost of Loss   $513.46
Cust. Guess Res-Risk    0.50

                    [ Optimize ]

2 Vulnerabilities
```

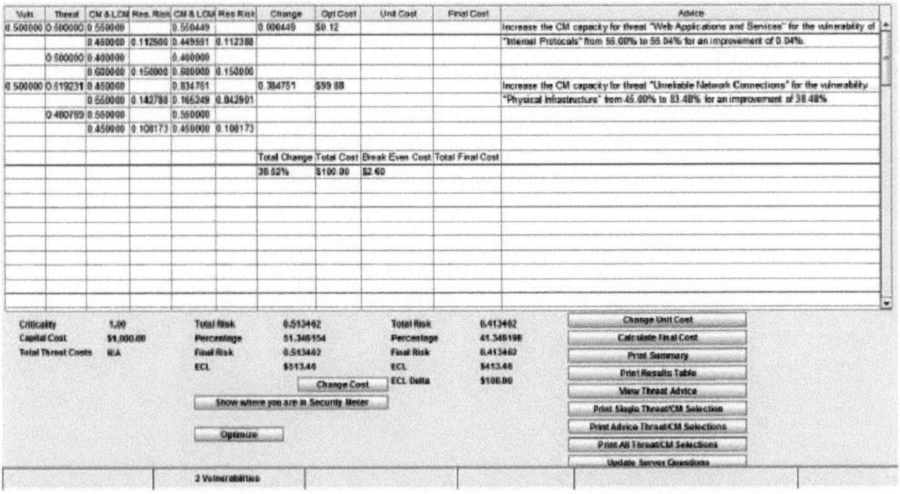

Vuln	Threat	CM & LCM	Res. Risk	CM & LCM	Res Risk	Change	Opt Cost	Unit Cost	Final Cost	Advice
0.500000	0.500000	0.550000		0.550449		0.000449	$0.12			Increase the CM capacity for threat "Web Applications and Services" for the vulnerability of
		0.450000	0.112500	0.449551	0.112388					"Internal Protocols" from 55.00% to 55.04% for an improvement of 0.04%.
	0.500000	0.400000		0.400000						
		0.600000	0.150000	0.600000	0.150000					
0.500000	0.619231	0.450000		0.834751		0.384751	$99.88			Increase the CM capacity for threat "Unreliable Network Connections" for the vulnerability
		0.550000	0.142788	0.165249	0.042901					"Physical Infrastructure" from 45.00% to 83.48% for an improvement of 38.48%
	0.480769	0.550000		0.550000						
		0.450000	0.108173	0.450000	0.108173					
						Total Change	Total Cost	Break Even Cost	Total Final Cost	
						38.52%	$100.00	$2.60		

Criticality	1.00	Total Risk	0.513462	Total Risk	0.413462
Capital Cost	$1,000.00	Percentage	51.346154	Percentage	41.346198
Total Threat Costs	N/A	Final Risk	0.513462	Final Risk	0.413462
		ECL	$513.46	ECL	$413.46
				ECL Delta	$100.00

[Change Cost]

[Show where you are in Security Meter]

[Optimize]

[Change Unit Cost]
[Calculate Final Cost]
[Print Summary]
[Print Results Table]
[View Threat Advice]
[Print Single Threat/CM Selection]
[Print Advice Threat/CM Selections]
[Print All Threat/CM Selections]
[Update Server Questions]

2 Vulnerabilities

RESPONDENT-2:

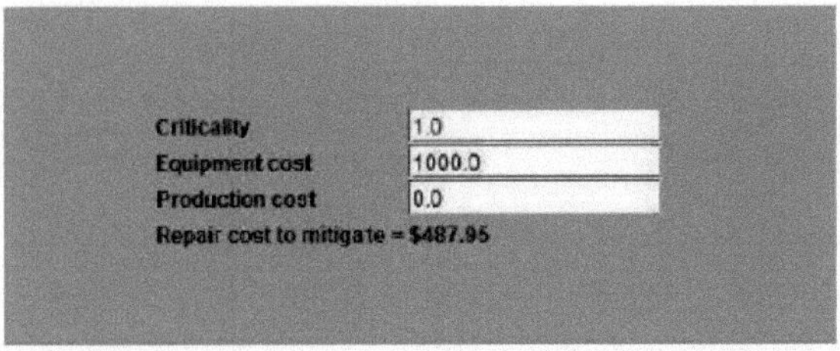

Criticality	1.0
Equipment cost	1000.0
Production cost	0.0

Repair cost to mitigate = $487.95

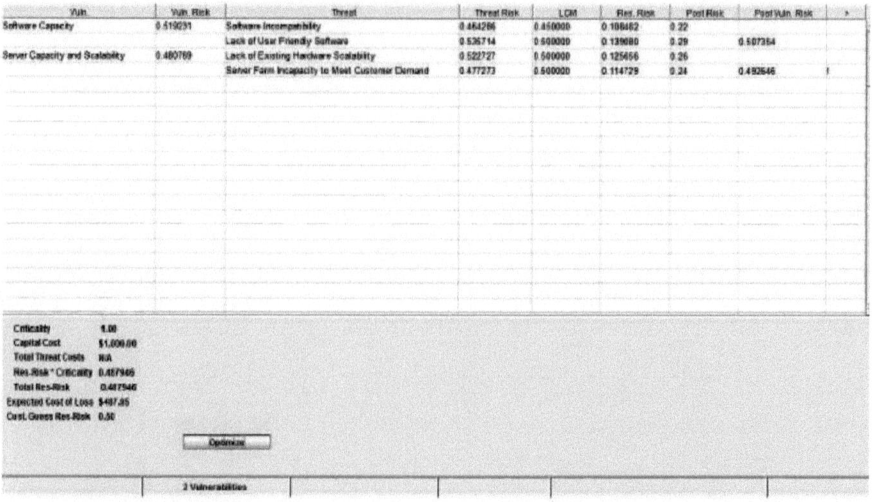

Vuln.	Vuln. Risk	Threat	Threat Risk	LCM	Res. Risk	Post Risk	Post Vuln. Risk	>
Software Capacity	0.519231	Software Incompatibility	0.464286	0.450000	0.108482	0.22		
		Lack of User Friendly Software	0.535714	0.500000	0.139080	0.29	0.507354	
Server Capacity and Scalability	0.480769	Lack of Existing Hardware Scalability	0.522727	0.500000	0.125456	0.26		
		Server Farm Incapacity to Meet Customer Demand	0.477273	0.500000	0.114729	0.24	0.492646	!

Criticality 1.00
Capital Cost $1,000.00
Total Threat Costs N/A
Res.Risk * Criticality 0.487946
Total Res-Risk 0.487946
Expected Cost of Loss $487.95
Cust. Guess Res-Risk 0.50

Optimize

2 Vulnerabilities

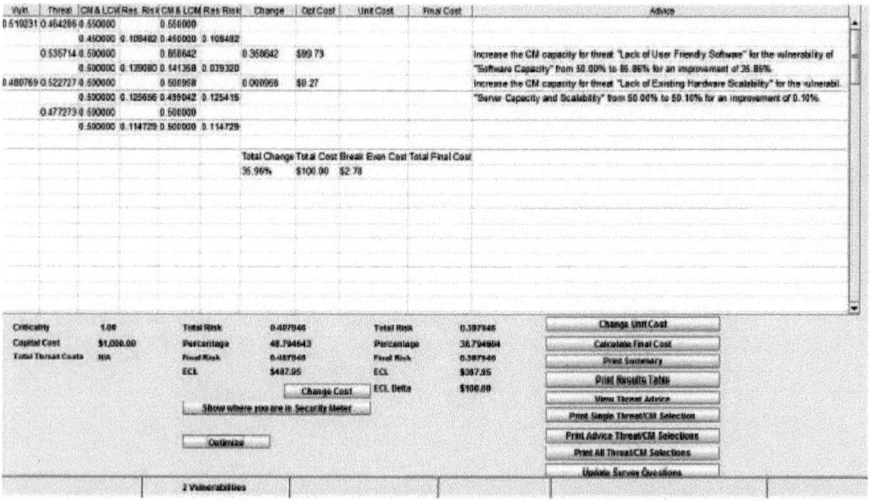

Vuln.	Threat	CM & LCM	Res. Risk	CM & LCM	Res Risk	Change	Opt Cost	Unit Cost	Final Cost	Advice
0.519231	0.464286	0.550000		0.550000						
		0.450000	0.108482	0.450000	0.108482					
	0.535714	0.500000		0.858642		0.358642	$99.73			Increase the CM capacity for threat "Lack of User Friendly Software" for the vulnerability of
		0.500000	0.139080	0.141358	0.079320					"Software Capacity" from 50.00% to 85.86% for an improvement of 35.86%.
0.480769	0.522727	0.500000		0.500958		0.000958	$0.27			Increase the CM capacity for threat "Lack of Existing Hardware Scalability" for the vulnerabil…
		0.500000	0.125456	0.435042	0.125415					"Server Capacity and Scalability" from 50.00% to 50.10% for an improvement of 0.10%.
	0.477273	0.500000		0.500000						
		0.500000	0.114729	0.500000	0.114729					

Total Change	Total Cost	Break Even Cost	Total Final Cost
35.96%	$100.00	$2.78	

Criticality 1.00   Total Risk 0.487946   Total Risk 0.387946
Capital Cost $1,000.00   Percentage 48.794643   Percentage 38.794604
Total Threat Costs N/A   Final Risk 0.487946   Final Risk 0.387946
ECL $487.95   ECL $387.95

Change Cost   ECL Delta $100.00

Show where you are in Security Meter

Optimize

Change Unit Cost
Calculate Final Cost
Print Summary
Print Results Table
View Threat Advice
Print Single Threat/CM Selection
Print Advice Threat/CM Selections
Print All Threat/CM Selections
Update Server Questions

2 Vulnerabilities

RESPONDENT-3:

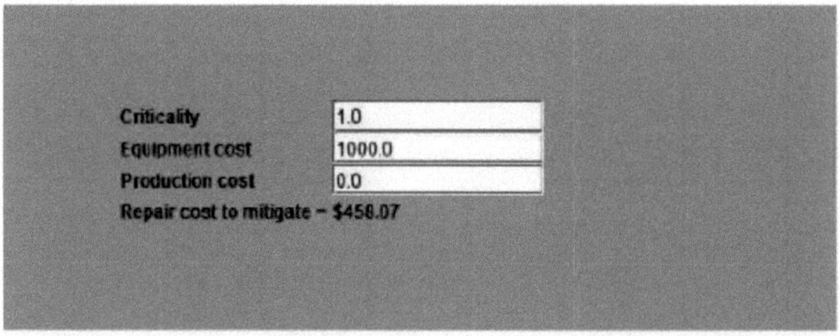

Criticality   **1.0**

Equipment cost   **1000.0**

Production cost   **0.0**

Repair cost to mitigate = $458.07

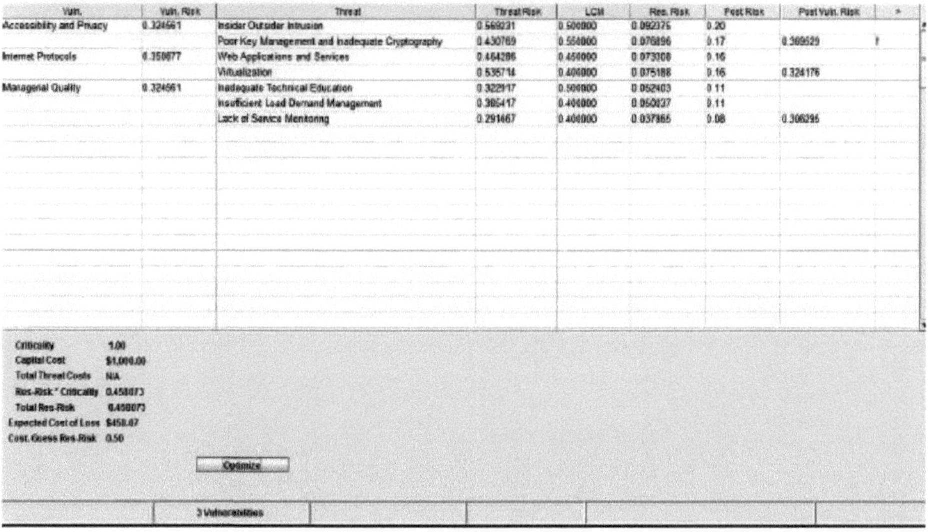

Vuln.	Vuln. Risk	Threat	Threat Risk	LCM	Res. Risk	Post Risk	Post Vuln. Risk	*
Accessibility and Privacy	0.324561	Insider Outsider Intrusion	0.569231	0.500000	0.092375	0.20		
		Poor Key Management and Inadequate Cryptography	0.430769	0.550000	0.076896	0.17	0.369529	
Internet Protocols	0.350877	Web Applications and Services	0.464286	0.450000	0.073308	0.16		
		Virtualization	0.535714	0.400000	0.075188	0.16	0.324176	
Managerial Quality	0.324561	Inadequate Technical Education	0.322917	0.500000	0.052403	0.11		
		Insufficient Load Demand Management	0.385417	0.400000	0.050037	0.11		
		Lack of Service Monitoring	0.291667	0.400000	0.037865	0.08	0.306295	

Criticality	1.00
Capital Cost	$1,000.00
Total Threat Costs	N/A
Res-Risk * Criticality	0.458073
Total Res-Risk	0.458073
Expected Cost of Loss	$458.07
Cost. Guess Res-Risk	0.50

[Optimize]

3 Vulnerabilities

27

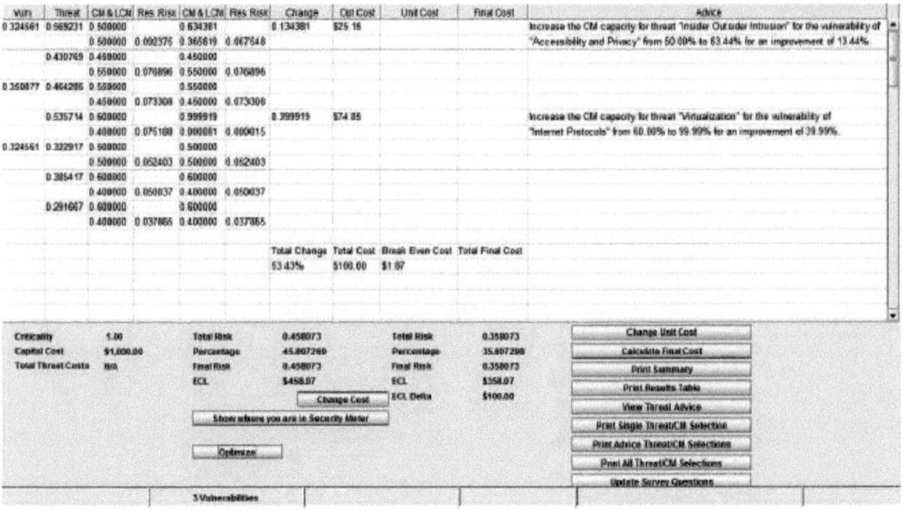

Vuln	Threat	CM & LCM	Res Risk	CM & LCM	Res Risk	Change	Opt Cost	Unit Cost	Final Cost	Advice
0.324561	0.569231	0.500000		0.634381		0.134381	$25.15			Increase the CM capacity for threat "Insider Outsider Intrusion" for the vulnerability of
		0.500000	0.092375	0.365619	0.067548					"Accessibility and Privacy" from 50.00% to 63.44% for an improvement of 13.44%.
	0.430769	0.450000		0.450000						
		0.550000	0.076896	0.550000	0.076896					
0.350877	0.464286	0.550000		0.550000						
		0.450000	0.073308	0.450000	0.073308					
	0.535714	0.600000		0.999919		0.399919	$74.85			Increase the CM capacity for threat "Virtualization" for the vulnerability of
		0.400000	0.075188	0.000081	0.000015					"Internet Protocols" from 60.00% to 99.99% for an improvement of 39.99%.
0.324561	0.322917	0.500000		0.500000						
		0.500000	0.052403	0.500000	0.052403					
	0.385417	0.600000		0.600000						
		0.400000	0.050037	0.400000	0.050037					
	0.291667	0.600000		0.600000						
		0.400000	0.037865	0.400000	0.037865					
						Total Change	Total Cost	Break Even Cost	Total Final Cost	
						53.43%	$100.00	$1.87		

Criticality	1.00	Total Risk	0.458073	Total Risk	0.358073
Capital Cost	$1,000.00	Percentage	45.807269	Percentage	35.807298
Total Threat Costs	n/a	Final Risk	0.458073	Final Risk	0.358073
		ECL	$458.07	ECL	$358.07
				ECL Delta	$100.00

Change Cost

Show where you are in Security Meter

Optimize

Change Unit Cost
Calculate Final Cost
Print Summary
Print Results Table
View Threat Advice
Print Single Threat/CM Selection
Print Advice Threat/CM Selections
Print All Threat/CM Selections
Update Survey Questions

3 Vulnerabilities

RESPONDENT-4:

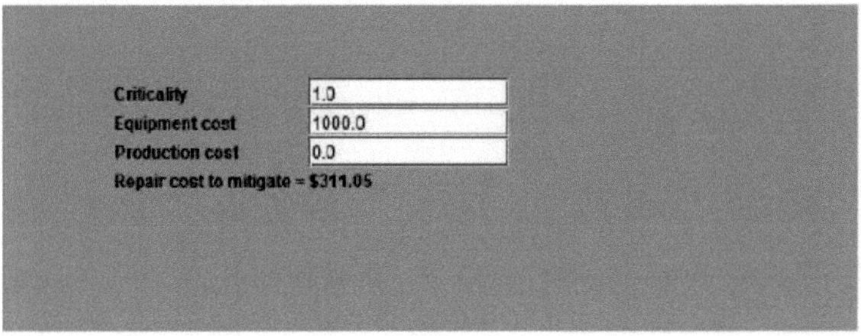

Criticality	1.0
Equipment cost	1000.0
Production cost	0.0

Repair cost to mitigate = **$311.05**

Vuln	Vuln. Risk	Threat	Threat Risk	LCM	Res. Risk	Post Risk	Post Vuln. Risk	>
Software Capacity	0.341667	Software Incompatibility	0.571429	0.360000	0.068333	0.22		
		Lack of User Friendly Software	0.428571	0.350000	0.061250	0.16	0.384451	l
Server Capacity and Scalability	0.316667	Lack of Sufficient Hardware	0.309524	0.460000	0.044107	0.14		
		Server Farm Incapacity to Meet Customer Demand	0.261905	0.400000	0.033175	0.11		
		Incorrect Configuration	0.428571	0.260000	0.033929	0.11	0.367632	l
Data and Disaster Recovery	0.341667	Lack of Multiple Sites	0.614583	0.100000	0.020598	0.07		
		Inadequate Software and Hardware	0.385417	0.460000	0.069258	0.19	0.268017	

Criticality 1.00
Capital Cost $1,000.00
Total Threat Costs NA
Res-Risk * Criticality 0.311050
Total Res-Risk 0.311050
Expected Cost of Loss $311.05
Cust. Guess Res-Risk 0.50

Optimize

Vuln	Threat	CM & LCM	Res. Risk	CM & LCM	Res Risk	Change	Opt Cost	Unit Cost	Final Cost	Advice
0.341667	0.571429	0.650000		1.000000		0.350000	$66.93			Increase the CM capacity for threat "Software Incompatibility" for the vulnerability of
		0.350000	0.068333	0.000000	0.000000					"Software Capacity" from 65.00% to 100.00% for an improvement of 35.00%.
	0.428571	0.650000		0.723002		0.073002	$13.96			Increase the CM capacity for threat "Lack of User Friendly Software" for the vulnerability
		0.350000	0.061250	0.276998	0.040660					"Software Capacity" from 65.00% to 72.30% for an improvement of 7.30%
0.316667	0.309524	0.550000		0.550000						
		0.450000	0.044107	0.450000	0.044107					
	0.261905	0.600000		0.600000						
		0.400000	0.033175	0.400000	0.033175					
	0.428571	0.750000		0.750000						
		0.250000	0.033929	0.250000	0.033929					
0.341667	0.614583	0.900000		0.999898		0.099898	$19.10			Increase the CM capacity for threat "Lack of Multiple Sites" for the vulnerability of
		0.100000	0.020998	0.000102	0.000621					"Data and Disaster Recovery" from 90.00% to 99.99% for an improvement of 9.99%.
	0.385417	0.550000		0.560000						
		0.450000	0.059258	0.460000	0.059258					

	Total Change	Total Cost	Break Even Cost	Total Final Cost
	62.29%	$100.00	$1.91	

Criticality	1.00	Total Risk	0.311050	Total Risk	0.211050
Capital Cost	$1,000.00	Percentage	31.104975	Percentage	21.104997
Total Threat Costs	N/A	Final Risk	0.311050	Final Risk	0.211050
		ECL	$311.05	ECL	$211.05
				ECL Delta	$100.00

Change Cost

Show where you are in Security Meter

Optimize

Change Unit Cost
Calculate Final Cost
Print Summary
Print Results Table
View Threat Advice
Print Single Threat/CM Selection
Print Advice Threat/CM Selections
Print All Threat/CM Selections
Update Survey Questions

3 Vulnerabilities

RESPONDENT-5:

Criticality	1.0
Equipment cost	1000.0
Production cost	0.0

Repair cost to mitigate = $317.58

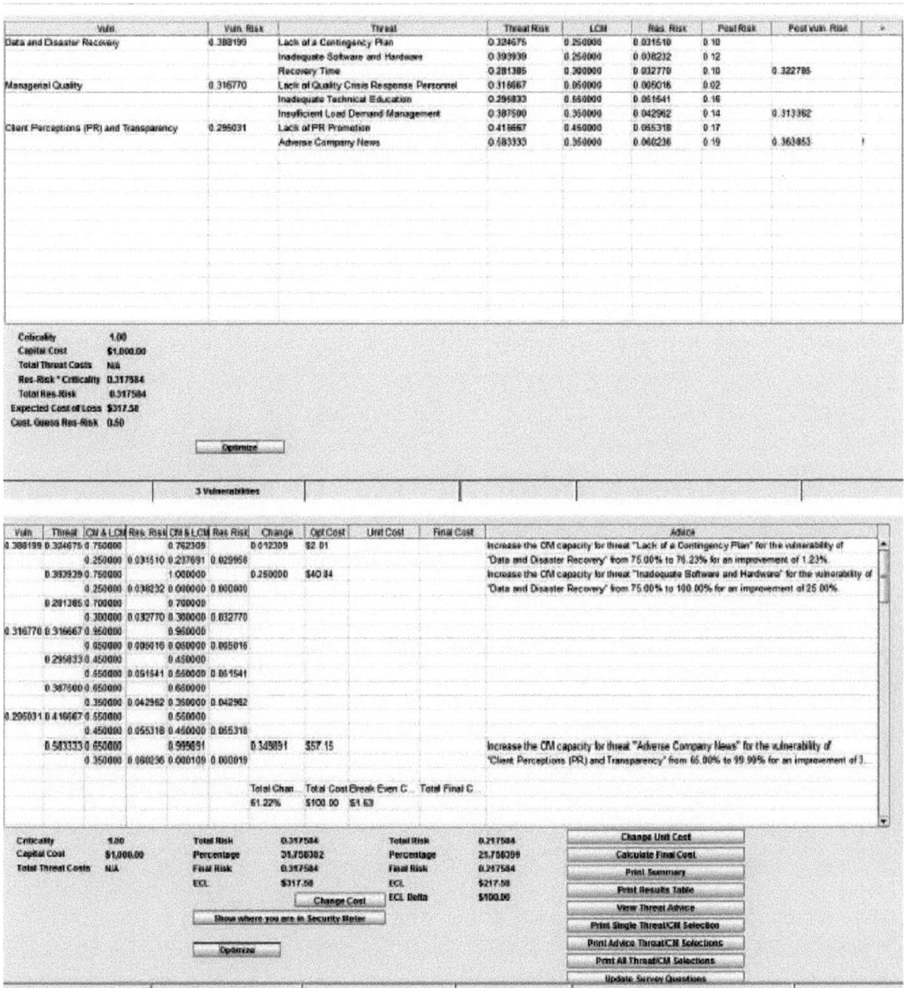

Vuln	Vuln. Risk	Threat	Threat Risk	LCM	Res. Risk	Post Risk	Post Vuln. Risk	
Data and Disaster Recovery	0.388199	Lack of a Contingency Plan	0.324675	0.250000	0.031510	0.10		
		Inadequate Software and Hardware	0.393939	0.250000	0.038232	0.12		
		Recovery Time	0.281385	0.300000	0.032770	0.10	0.322785	
Managerial Quality	0.316770	Lack of Quality Crisis Response Personnel	0.316667	0.050000	0.006016	0.02		
		Inadequate Technical Education	0.295833	0.560000	0.061541	0.16		
		Insufficient Load Demand Management	0.387500	0.350000	0.042962	0.14	0.313362	
Client Perceptions (PR) and Transparency	0.295031	Lack of PR Promotion	0.416667	0.450000	0.065318	0.17		
		Adverse Company News	0.583333	0.350000	0.060236	0.19	0.363853	!

Criticality   1.00
Capital Cost $1,000.00
Total Threat Costs   N/A
Res-Risk * Criticality   0.317584
Total Res-Risk   0.317584
Expected Cost of Loss $317.58
Cust. Guess Res-Risk   0.50

[Optimize]

3 Vulnerabilities

Vuln	Threat	CM & LCM	Res. Risk	CM & LCM	Res Risk	Change	Opt Cost	Unit Cost	Final Cost	Advice
0.388199	0.324675	0.750000	0.762305			0.012309	$2.01			Increase the CM capacity for threat "Lack of a Contingency Plan" for the vulnerability of
		0.250000	0.031510	0.237691	0.029968					"Data and Disaster Recovery" from 75.00% to 76.23% for an improvement of 1.23%.
	0.393939	0.750000		1.000000		0.250000	$40.84			Increase the CM capacity for threat "Inadequate Software and Hardware" for the vulnerability of
		0.250000	0.038232	0.000000	0.000000					"Data and Disaster Recovery" from 75.00% to 100.00% for an improvement of 25.00%
	0.281385	0.700000		0.700000						
		0.300000	0.032770	0.300000	0.032770					
0.316770	0.316667	0.950000		0.950000						
		0.050000	0.006016	0.050000	0.006016					
	0.295833	0.450000		0.450000						
		0.550000	0.061541	0.550000	0.061541					
	0.387600	0.650000		0.650000						
		0.350000	0.042962	0.350000	0.042962					
0.295031	0.416667	0.550000		0.550000						
		0.450000	0.055318	0.460000	0.055318					
	0.583333	0.650000		0.995691		0.345691	$57.15			Increase the CM capacity for threat "Adverse Company News" for the vulnerability of
		0.350000	0.060236	0.000109	0.000019					"Client Perceptions (PR) and Transparency" from 65.00% to 99.99% for an improvement of 3...

		Total Chan...	Total Cost	Break Even C...	Total Final C
		61.22%	$100.00	$1.63	

Criticality   1.00   Total Risk   0.317584   Total Risk   0.217584
Capital Cost $1,000.00 Percentage   31.758382   Percentage   21.758399
Total Threat Costs   N/A   Final Risk   0.317584   Final Risk   0.217584
                                    ECL $317.58   ECL $217.58
                                    [Change Cost]   ECL Delta $100.00

[Show where you are in Security Meter]

[Optimize]

[Change Unit Cost]
[Calculate Final Cost]
[Print Summary]
[Print Results Table]
[View Threat Advice]
[Print Single Threat/CM Selection]
[Print Advice Threat/CM Selections]
[Print All Threat/CM Selections]
[Update Survey Questions]

3 Vulnerabilities

RESPONDENT-6:

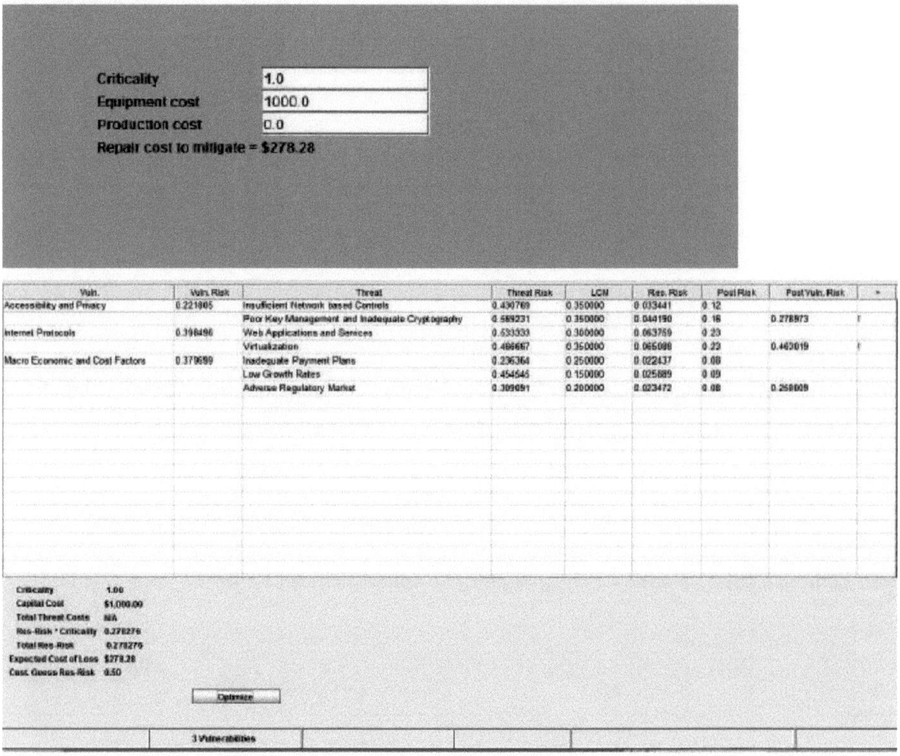

Criticality   1.0
Equipment cost   1000.0
Production cost   0.0
Repair cost to mitigate = $278.28

Vuln.	Vuln. Risk	Threat	Threat Risk	LCM	Res. Risk	Post Risk	Post Vuln. Risk	*
Accessibility and Privacy	0.221805	Insufficient Network based Controls	0.430769	0.350000	0.033441	0.12		
		Poor Key Management and Inadequate Cryptography	0.589231	0.350000	0.044190	0.16	0.278973	!
Internet Protocols	0.398496	Web Applications and Services	0.533333	0.300000	0.063769	0.23		
		Virtualization	0.466667	0.350000	0.065088	0.23	0.463019	!
Macro Economic and Cost Factors	0.379699	Inadequate Payment Plans	0.236364	0.250000	0.022437	0.08		
		Low Growth Rates	0.454545	0.150000	0.025889	0.09		
		Adverse Regulatory Market	0.309091	0.200000	0.023472	0.08	0.258009	

Criticality   1.00
Capital Cost $1,000.00
Total Threat Costs   N/A
Res-Risk * Criticality   0.278276
Total Res-Risk   0.278276
Expected Cost of Loss $278.28
Cust. Guess Res-Risk   0.50

Optimize

3 Vulnerabilities

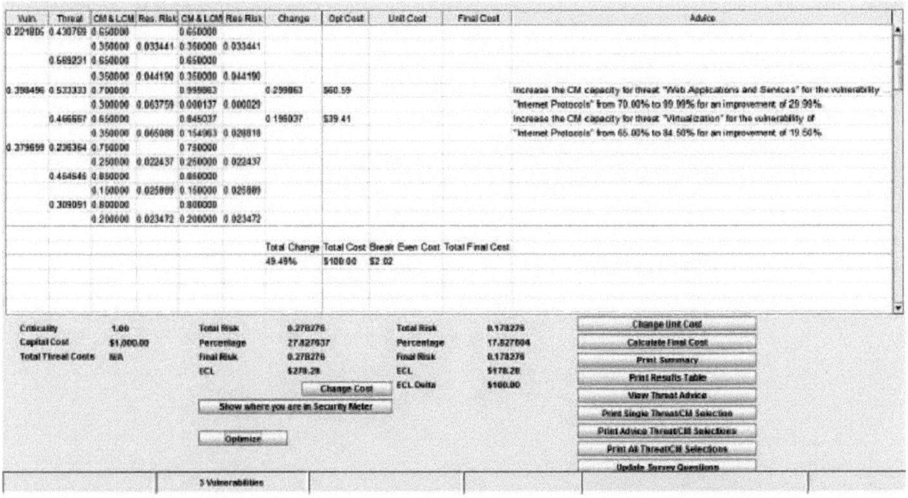

Vuln.	Threat	CM & LCM	Res. Risk	CM & LCM	Res Risk	Change	Opt Cost	Unit Cost	Final Cost	Advice
0.221805	0.430769	0.650000		0.650000						
		0.350000	0.033441	0.350000	0.033441					
	0.569231	0.650000		0.650000						
		0.350000	0.044190	0.350000	0.044190					
0.398496	0.533333	0.700000		0.999863		0.299863	$60.59			Increase the CM capacity for threat "Web Applications and Services" for the vulnerability
		0.300000	0.063759	0.000137	0.000029					"Internet Protocols" from 70.00% to 99.99% for an improvement of 29.99%
	0.466667	0.650000		0.845037		0.195037	$39.41			Increase the CM capacity for threat "Virtualization" for the vulnerability of
		0.350000	0.065088	0.154963	0.028818					"Internet Protocols" from 65.00% to 84.50% for an improvement of 19.50%
0.379659	0.236364	0.750000		0.750000						
		0.250000	0.022437	0.250000	0.022437					
	0.454546	0.850000		0.850000						
		0.150000	0.025889	0.150000	0.025889					
	0.309091	0.800000		0.800000						
		0.200000	0.023472	0.200000	0.023472					

						Total Change	Total Cost	Break Even Cost	Total Final Cost
						49.49%	$100.00	$2.02	

Criticality	1.00	Total Risk	0.278276	Total Risk	0.178276
Capital Cost	$1,000.00	Percentage	27.827637	Percentage	17.827604
Total Threat Costs	N/A	Final Risk	0.278276	Final Risk	0.178276
		ECL	$278.28	ECL	$178.28
				ECL Delta	$100.00

Change Cost

Show where you are in Security Meter

Optimize

Change Unit Cost
Calculate Final Cost
Print Summary
Print Results Table
View Threat Advice
Print Single Threat/CM Selection
Print Advice Threat/CM Selections
Print All Threat/CM Selections
Update Survey Questions

3 Vulnerabilities

RESPONDENT-7:

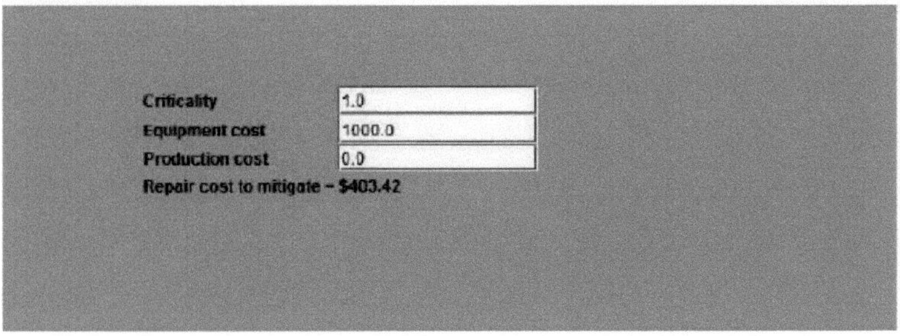

Criticality	1.0
Equipment cost	1000.0
Production cost	0.0

Repair cost to mitigate – $403.42

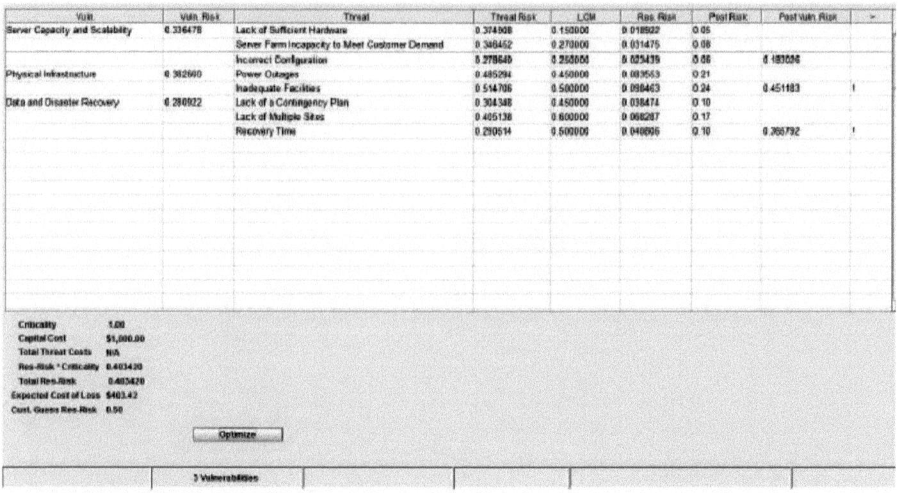

Vuln.	Vuln. Risk	Threat	Threat Risk	LCM	Res. Risk	Post Risk	Post Vuln. Risk	►
Server Capacity and Scalability	0.336478	Lack of Sufficient Hardware	0.374908	0.150000	0.018922	0.05		
		Server Farm Incapacity to Meet Customer Demand	0.346452	0.270000	0.031475	0.08		
		Incorrect Configuration	0.279640	0.250000	0.025439	0.06	0.183036	
Physical Infrastructure	0.382660	Power Outages	0.485294	0.450000	0.083553	0.21		
		Inadequate Facilities	0.514706	0.500000	0.098463	0.24	0.451183	!
Data and Disaster Recovery	0.280922	Lack of a Contingency Plan	0.304348	0.450000	0.038474	0.10		
		Lack of Multiple Sites	0.405138	0.600000	0.068287	0.17		
		Recovery Time	0.290514	0.500000	0.040806	0.10	0.366792	!

Criticality **1.00**
Capital Cost **$1,000.00**
Total Threat Costs **N/A**
Res-Risk * Criticality **0.403420**
Total Res.Risk **0.403420**
Expected Cost of Loss **$403.42**
Cust. Guess Res-Risk **0.50**

[Optimize]

3 Vulnerabilities

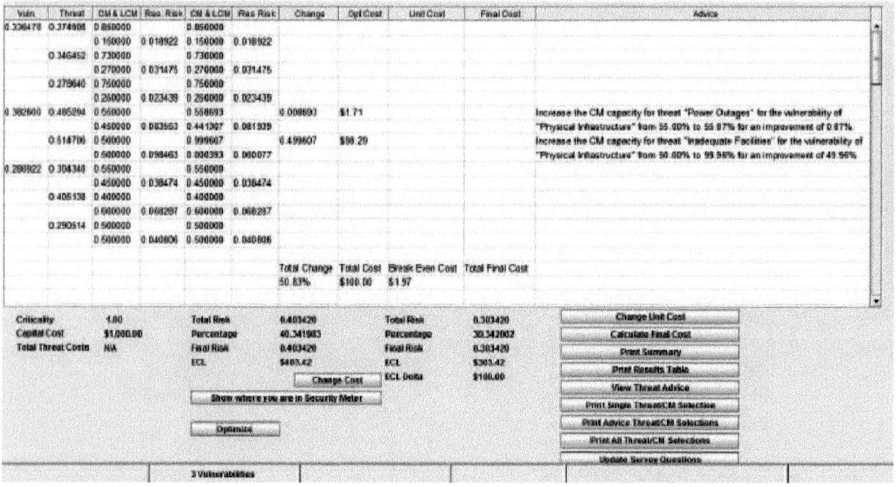

Vuln	Threat	CM & LCM	Res. Risk	CM & LCM	Res Risk	Change	Opt Cost	Unit Cost	Final Cost	Advice
0.336478	0.374908	0.850000		0.850000						
		0.150000	0.018922	0.150000	0.018922					
	0.346452	0.730000		0.730000						
		0.270000	0.031475	0.270000	0.031475					
	0.279640	0.750000		0.750000						
		0.250000	0.023439	0.250000	0.023439					
0.382660	0.485294	0.560000		0.558693		0.000693	$1.71			Increase the CM capacity for threat "Power Outages" for the vulnerability of
		0.450000	0.083553	0.441307	0.081939					"Physical Infrastructure" from 56.00% to 56.87% for an improvement of 0.87%
	0.514706	0.500000		0.999607		0.499607	$98.29			Increase the CM capacity for threat "Inadequate Facilities" for the vulnerability of
		0.500000	0.098463	0.000393	0.000077					"Physical Infrastructure" from 50.00% to 99.96% for an improvement of 49.96%
0.280922	0.304348	0.560000		0.560000						
		0.450000	0.038474	0.450000	0.038474					
	0.405138	0.400000		0.400000						
		0.600000	0.068287	0.600000	0.068287					
	0.290514	0.500000		0.500000						
		0.500000	0.040806	0.500000	0.040806					

	Total Change	Total Cost	Break Even Cost	Total Final Cost
	50.83%	$100.00	$1.97	

Criticality	1.00	Total Risk	0.403420	Total Risk	0.303420
Capital Cost	$1,000.00	Percentage	40.341983	Percentage	30.342002
Total Threat Costs	N/A	Final Risk	0.403420	Final Risk	0.303420
		ECL	$403.42	ECL	$303.42
				ECL Delta	$100.00

[Change Unit Cost]
[Calculate Final Cost]
[Print Summary]
[Print Results Table]
[View Threat Advice]
[Print Single Threat/CM Selection]
[Print Advice Threat/CM Selections]
[Print All Threat/CM Selections]
[Update Server Questions]

[Change Cost]
[Show where you are in Security Meter]
[Optimize]

3 Vulnerabilities

RESPONDENT-8:

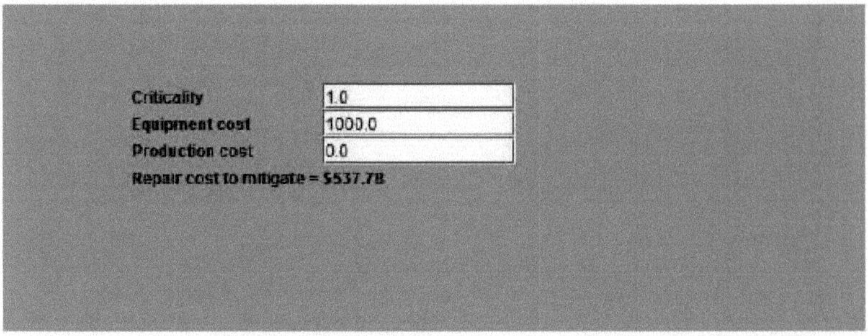

Criticality   1.0

Equipment cost   1000.0

Production cost   0.0

Repair cost to mitigate = $537.78

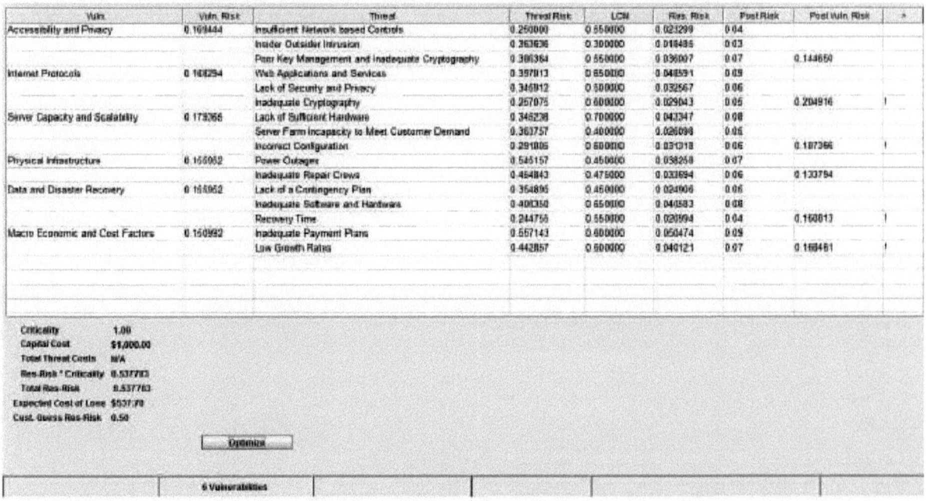

Vuln.	Vuln. Risk	Threat	Threat Risk	LCM	Res. Risk	Post Risk	Post Vuln. Risk	*
Accessibility and Privacy	0.169444	Insufficient Network based Controls	0.250000	0.550000	0.023299	0 04		
		Insider Outsider Intrusion	0.363636	0.300000	0.016485	0 03		
		Poor Key Management and Inadequate Cryptography	0.381364	0.550000	0.036007	0 07	0.144650	
Internet Protocols	0.166294	Web Applications and Services	0.397013	0.650000	0.048591	0 09		
		Lack of Security and Privacy	0.346012	0.500000	0.032567	0 06		
		Inadequate Cryptography	0.257075	0.600000	0.029043	0 05	0.204916	!
Server Capacity and Scalability	0.173055	Lack of Sufficient Hardware	0.346238	0.700000	0.043347	0 08		
		Server Farm Incapacity to Meet Customer Demand	0.363757	0.400000	0.026096	0 05		
		Incorrect Configuration	0.291005	0.600000	0.031318	0 06	0.187356	!
Physical Infrastructure	0.166952	Power Outages	0.545157	0.450000	0.038258	0 07		
		Inadequate Repair Crews	0.464843	0.475000	0.033694	0 06	0.133794	
Data and Disaster Recovery	0.165952	Lack of a Contingency Plan	0.354895	0.460000	0.024906	0 05		
		Inadequate Software and Hardware	0.400350	0.650000	0.040583	0 08		
		Recovery Time	0.244756	0.550000	0.020594	0 04	0.160013	!
Macro Economic and Cost Factors	0.160992	Inadequate Payment Plans	0.557143	0.600000	0.050474	0 09		
		Low Growth Rates	0.442857	0.600000	0.040121	0 07	0.168461	!

Criticality   1.00
Capital Cost $1,000.00
Total Threat Costs   N/A
Res-Risk * Criticality   0.537783
Total Res-Risk   0.537783
Expected Cost of Loss $537.78
Cust. Guess Res-Risk   0.50

Optimize

6 Vulnerabilities

Vuln	Threat	CM & LCM	Res. Risk	CM & LCM	Res Risk	Change	Opt Cost	Unit Cost	Final Cost	Advice
		0.600000	0.031316	0.600000	0.031316					
0.155952	0.545157	0.550000		0.999454		0.449454	$37.43			Increase the CM capacity for threat "Power Outages" for the vulnerability of
		0.450000	0.038258	0.000546	0.000046					"Physical Infrastructure" from 55.00% to 99.95% for an improvement of 44.95%.
	0.454843	0.525000		0.625000						
		0.475000	0.033694	0.475000	0.033694					
0.155952	0.354895	0.550000		0.650000						
		0.450000	0.024906	0.450000	0.024906					
	0.400350	0.350000		0.350000						
		0.650000	0.040563	0.650000	0.040563					
	0.244755	0.450000		0.450000						
		0.550000	0.020994	0.550000	0.020994					
0.150992	0.557143	0.400000		1.000000		0.600000	$49.97			Increase the CM capacity for threat "Inadequate Payment Plans" for the vulnerability of
		0.600000	0.050474	0.000000	0.000000					"Macro Economic and Cost Factors" from 40.00% to 100.00% for an improvement of 60.0...
	0.442857	0.400000		0.400000						
		0.600000	0.040121	0.600000	0.040121					

					Total Change	Total Cost	Break Even Cost	Total Final Cost
					120.08%	$100.00	$0.83	

Criticality	1.00	Total Risk	0.537783	Total Risk	0.437783
Capital Cost	$1,000.00	Percentage	53.778324	Percentage	43.778298
Total Threat Costs	NA	Final Risk	0.537783	Final Risk	0.437783
		ECL	$537.78	ECL	$437.78
				ECL Delta	$100.00

Change Cost

Show where you are in Security Meter

Optimize

Change Unit Cost
Calculate Final Cost
Print Summary
Print Results Table
View Threat Advice
Print Single Threat/CM Selection
Print Advice Threat/CM Selections
Print All Threat/CM Selections
Update Survey Questions

6 Vulnerabilities

RESPONDENT-9:

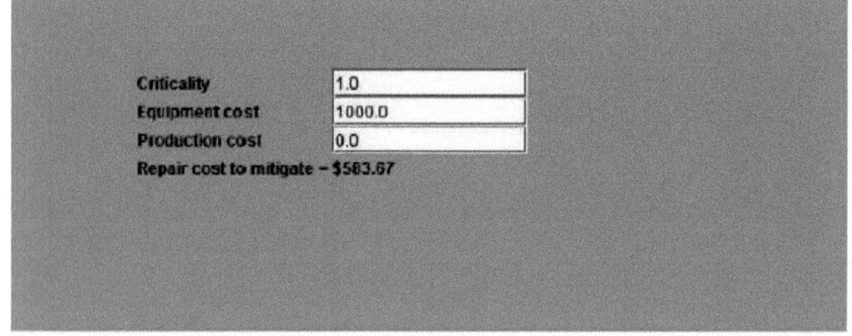

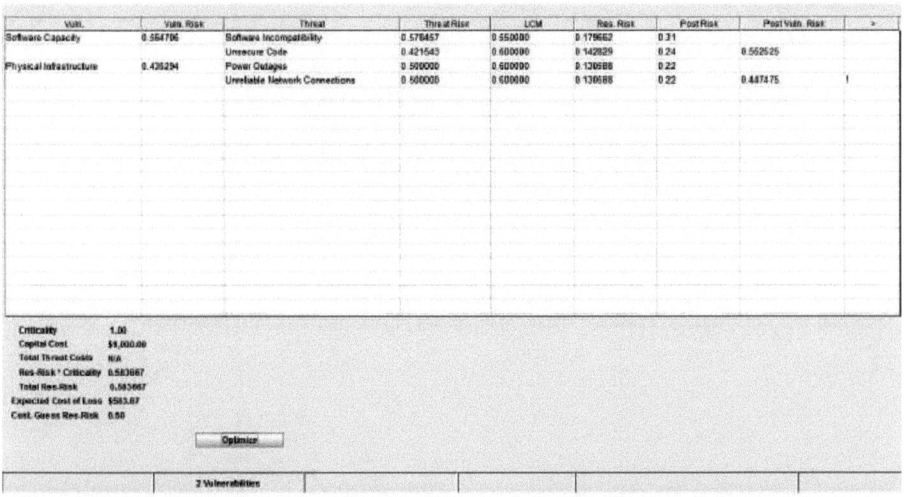

Vuln.	Vuln. Risk	Threat	Threat Risk	LCM	Res. Risk	Post Risk	Post Vuln. Risk	>
Software Capacity	0.554706	Software Incompatibility	0.578457	0.550000	0.179662	0.31		
		Unsecure Code	0.421543	0.600000	0.142829	0.24	0.562525	
Physical Infrastructure	0.435294	Power Outages	0.500000	0.600000	0.130588	0.22		
		Unreliable Network Connections	0.500000	0.600000	0.130588	0.22	0.447475	!

Criticality	1.00
Capital Cost	$1,000.00
Total Threat Costs	N/A
Res-Risk * Criticality	0.583667
Total Res-Risk	0.583667
Expected Cost of Loss	$583.67
Cost. Guess Res-Risk	0.50

Optimize

2 Vulnerabilities

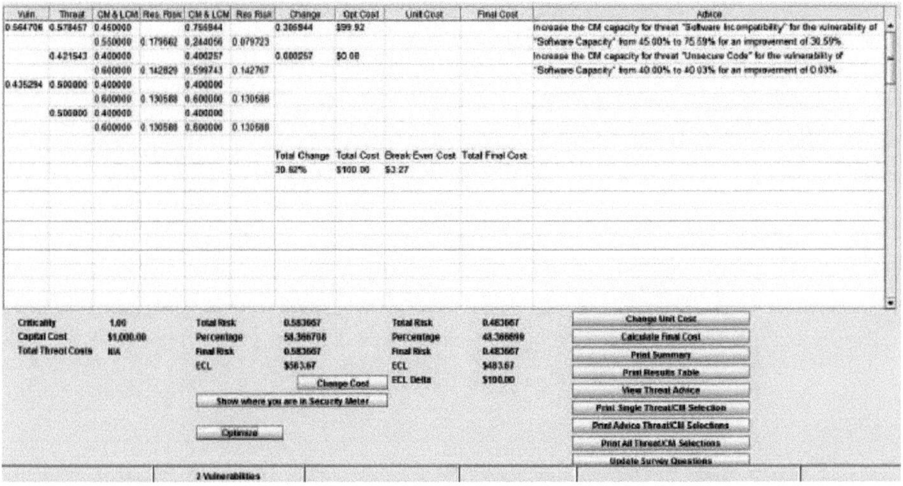

Vuln.	Threat	CM & LCM	Res. Risk	CM & LCM	Res Risk	Change	Opt Cost	Unit Cost	Final Cost	Advice
0.564706	0.578457	0.450000		0.756944		0.306944	$99.92			Increase the CM capacity for threat "Software Incompatibility" for the vulnerability of
		0.550000	0.179662	0.244056	0.079723					"Software Capacity" from 45.00% to 75.59% for an improvement of 30.59%.
	0.421543	0.400000		0.400257		0.000257	$0.08			Increase the CM capacity for threat "Unsecure Code" for the vulnerability of
		0.600000	0.142829	0.599743	0.142767					"Software Capacity" from 40.00% to 40.03% for an improvement of 0.03%
0.435294	0.500000	0.400000		0.400000						
		0.600000	0.130588	0.600000	0.130588					
	0.500000	0.400000		0.400000						
		0.600000	0.130588	0.600000	0.130588					
						Total Change	Total Cost	Break Even Cost	Total Final Cost	
						30.92%	$100.00	$3.27		

Criticality	1.00	Total Risk	0.583667	Total Risk	0.483667
Capital Cost	$1,000.00	Percentage	58.366708	Percentage	48.366698
Total Threat Costs	N/A	Final Risk	0.583667	Final Risk	0.483667
		ECL	$583.67	ECL	$483.67
				ECL Delta	$100.00

Change Unit Cost

Calculate Final Cost

Print Summary

Print Results Table

View Threat Advice

Print Single Threat/CM Selection

Print Advice Threat/CM Selections

Print All Threat/CM Selections

Update Survey Questions

Change Cost

Show where you are in Security Meter

Optimize

2 Vulnerabilities

RESPONDENT-10:

Criticality	1.0
Equipment cost	1000.0
Production cost	0.0

Repair cost to mitigate = $649.96

Vuln	Vuln. Risk	Threat	Threat Risk	LCM	Res. Risk	Post Risk	Post Vuln. Risk	*
Software Capacity	0.435294	Lack of User Friendly Software	0.566667	0.750000	0.185000	0.28		
		Inadequate Cloud Applications	0.433333	0.650000	0.122908	0.19	0.473271	1
Internet Protocols	0.564706	Web Applications and Services	0.531250	0.700000	0.210000	0.32		
		Lack of Security and Privacy	0.468750	0.500000	0.132353	0.20	0.526729	

Criticality	1.00
Capital Cost	$1,000.00
Total Threat Costs	N/A
Res-Risk * Criticality	0.649961
Total Res-Risk	0.649961
Expected Cost of Loss	$649.96
Cust. Guess Res-Risk	0.50

[Optimize]

2 Vulnerabilities

Vuln	Threat	CM & LCM	Res. Risk	CM & LCM	Res Risk	Change	Opt Cost	Unit Cost	Final Cost	Advice
0.435294	0.566667	0.250000		0.250000						
		0.750000	0.185000	0.750000	0.185000					
	0.433333	0.350000		0.350000						
		0.650000	0.122608	0.650000	0.122608					
0.564706	0.531250	0.300000		0.632827		0.332827	$99.83			Increase the CM capacity for threat "Web Applications and Services" for the vulnerability
		0.700000	0.210000	0.367173	0.110152					"Internet Protocols" from 30.00% to 63.28% for an improvement of 33.28%
	0.468750	0.500000		0.500573		0.000573	$0.17			Increase the CM capacity for threat "Lack of Security and Privacy" for the vulnerability of
		0.500000	0.132353	0.499427	0.132201					"Internet Protocols" from 50.00% to 50.06% for an improvement of 0.06%.

			Total Change	Total Cost	Break Even Cost	Total Final Cost
			33.34%	$100.00	$3.00	

Criticality	1.00	Total Risk	0.549961	Total Risk	0.549961
Capital Cost	$1,000.00	Percentage	54.996078	Percentage	54.996102
Total Threat Costs	N/A	Final Risk	0.549961	Final Risk	0.549961
		ECL	$649.96	ECL	$549.96
			Change Cost	ECL Delta	$100.00

Change Unit Cost
Calculate Final Cost
Print Summary
Print Results Table
View Threat Advice
Print Single Threat/CM Selection
Print Advice Threat/CM Selections
Print All Threat/CM Selections
Update Survey Questions

Show where you are in Security Meter

Optimize

2 Vulnerabilities

RESPONDENT-11:

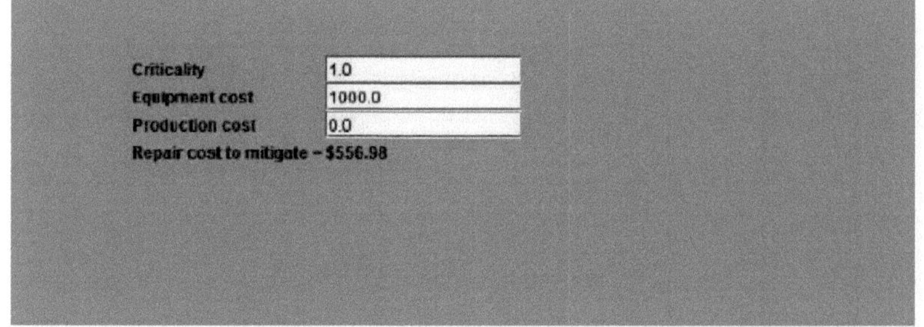

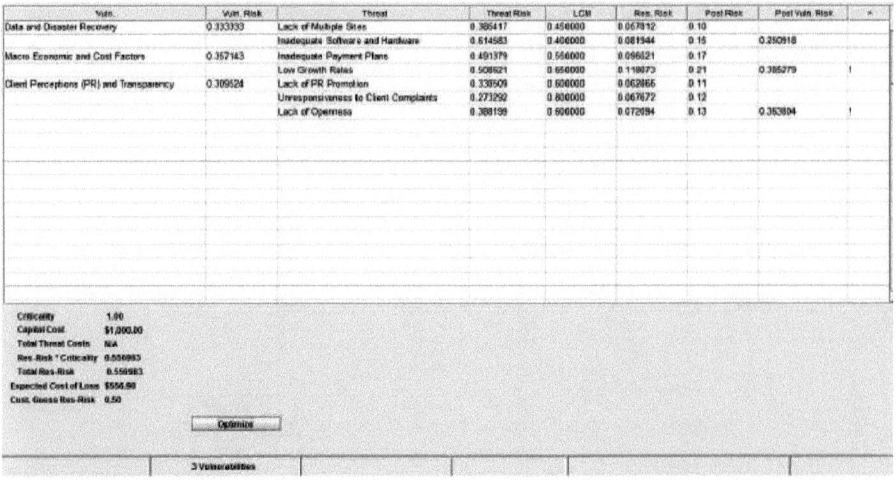

Vuln.	Vuln. Risk	Threat	Threat Risk	LCM	Res. Risk	Post Risk	Post Vuln. Risk	*
Data and Disaster Recovery	0.333333	Lack of Multiple Sites	0.385417	0.450000	0.067812	0.10		
		Inadequate Software and Hardware	0.614583	0.400000	0.081944	0.15	0.250918	
Macro Economic and Cost Factors	0.357143	Inadequate Payment Plans	0.491379	0.560000	0.096621	0.17		
		Low Growth Rates	0.508621	0.650000	0.118073	0.21	0.385279	!
Client Perceptions (PR) and Transparency	0.309524	Lack of PR Promotion	0.338509	0.600000	0.062866	0.11		
		Unresponsiveness to Client Complaints	0.271292	0.800000	0.067672	0.12		
		Lack of Openness	0.388199	0.600000	0.072094	0.13	0.353804	!

Criticality 1.00
Capital Cost $1,000.00
Total Threat Costs N/A
Res-Risk * Criticality 0.550983
Total Res-Risk 0.550983
Expected Cost of Loss $550.98
Cust. Guess Res-Risk 0.50

Optimize

3 Vulnerabilities

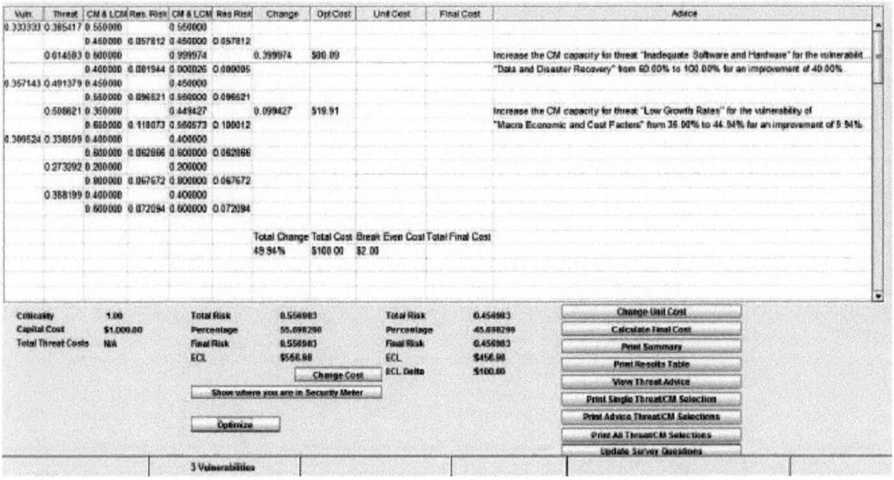

Vuln.	Threat	CM & LCM	Res. Risk	CM & LCM	Res Risk	Change	Opt Cost	Unit Cost	Final Cost	Advice
0.333333	0.385417	0.550000		0.550000						
		0.450000	0.057812	0.450000	0.057812					
	0.614583	0.600000		0.999974		0.399974	$80.09			Increase the CM capacity for threat "Inadequate Software and Hardware" for the vulnerability "Data and Disaster Recovery" from 60.00% to 100.00% for an improvement of 40.00%.
		0.400000	0.081944	0.000025	0.000005					
0.357143	0.491379	0.450000		0.450000						
		0.560000	0.096621	0.560000	0.096621					
	0.508621	0.350000		0.449427		0.099427	$19.91			Increase the CM capacity for threat "Low Growth Rates" for the vulnerability of "Macro Economic and Cost Factors" from 35.00% to 44.94% for an improvement of 9.94%.
		0.650000	0.118073	0.560573	0.198012					
0.309524	0.338509	0.400000		0.400000						
		0.600000	0.062866	0.600000	0.062866					
	0.273292	0.200000		0.200000						
		0.800000	0.067672	0.800000	0.067672					
	0.388199	0.400000		0.400000						
		0.600000	0.072094	0.600000	0.072094					

Total Change	Total Cost	Break Even Cost	Total Final Cost
49.94%	$100.00	$2.00	

Criticality 1.00
Capital Cost $1,000.00
Total Threat Costs N/A

Total Risk 0.550983
Percentage 55.098290
Final Risk 0.550983
ECL $550.98

Total Risk 0.454983
Percentage 45.698299
Final Risk 0.454983
ECL $456.98
ECL Delta $100.00

Change Cost
Show where you are in Security Meter
Optimize

Change Unit Cost
Calculate Final Cost
Print Summary
Print Results Table
View Threat Advice
Print Single Threat/CM Selection
Print Advice Threat/CM Selections
Print All Threat/CM Selections
Update Survey Questions

3 Vulnerabilities

RESPONDENT-12:

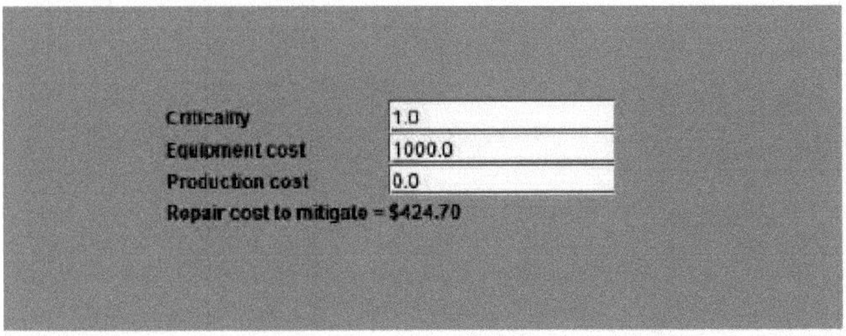

Criticality: 1.0
Equipment cost: 1000.0
Production cost: 0.0
Repair cost to mitigate = $424.70

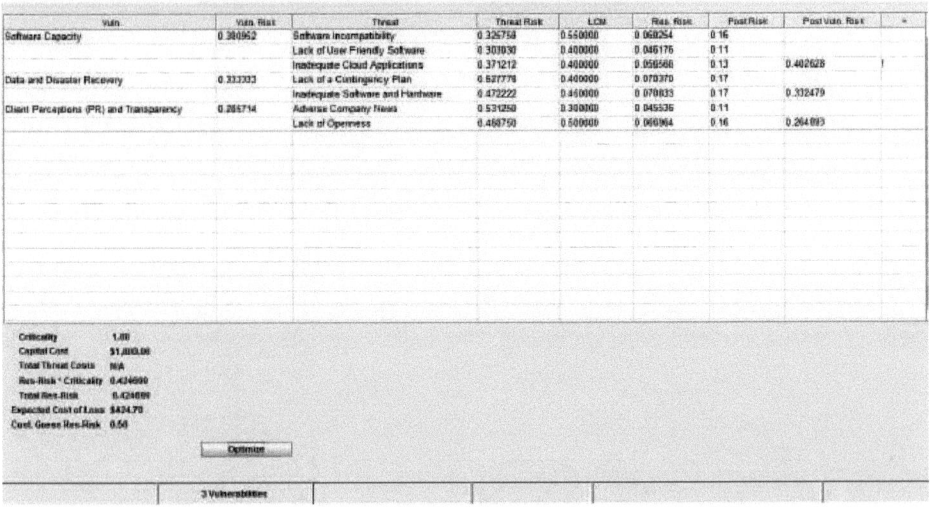

Vuln.	Vuln. Risk	Threat	Threat Risk	LCM	Res. Risk	Post Risk	Post Vuln. Risk	=
Software Capacity	0.380952	Software Incompatibility	0.325758	0.550000	0.060254	0.16		
		Lack of User Friendly Software	0.303030	0.400000	0.046176	0.11		
		Inadequate Cloud Applications	0.371212	0.400000	0.059568	0.13	0.402628	1
Data and Disaster Recovery	0.333333	Lack of a Contingency Plan	0.527778	0.400000	0.070370	0.17		
		Inadequate Software and Hardware	0.472222	0.460000	0.070833	0.17	0.332479	
Client Perceptions (PR) and Transparency	0.285714	Adverse Company News	0.531250	0.300000	0.045536	0.11		
		Lack of Openness	0.468750	0.600000	0.060964	0.16	0.264893	

Criticality 1.00
Capital Cost $1,000.00
Total Threat Costs N/A
Res-Risk * Criticality 0.424600
Total Res-Risk 0.424600
Expected Cost of Loss $424.70
Cust. Guess Res-Risk 0.56

Optimize

3 Vulnerabilities

41

Vuln.	Threat	CM & LCM	Res. Risk	CM & LCM	Res Risk	Change	Opt Cost	Unit Cost	Final Cost	Advice
0.380952	0.325758	0.450000		0.450000						
		0.550000	0.068264	0.550000	0.068264					
	0.303030	0.600000		0.600000						
		0.400000	0.046176	0.400000	0.046176					
	0.371212	0.600000		0.600000						
		0.400000	0.056566	0.400000	0.056566					
0.333333	0.527778	0.600000		0.999468		0.399468	$67.90			Increase the CM capacity for threat "Lack of a Contingency Plan" for the vulnerability of
		0.400000	0.070370	0.000532	0.000094					"Data and Disaster Recovery" from 60.00% to 99.95% for an improvement of 39.95%.
	0.472222	0.550000		0.738833		0.188833	$32.10			Increase the CM capacity for threat "Inadequate Software and Hardware" for the vulnerability
		0.450000	0.070833	0.261167	0.041110					"Data and Disaster Recovery" from 55.00% to 73.88% for an improvement of 18.88%.
0.285714	0.531250	0.700000		0.700000						
		0.300000	0.045536	0.300000	0.045536					
	0.468750	0.500000		0.500000						
		0.500000	0.066964	0.500000	0.066964					

Total Change	Total Cost	Break Even Cost	Total Final Cost
58.83%	$100.00	$1.70	

Criticality	1.00	Total Risk	0.424699	Total Risk	0.324699	
Capital Cost	$1,000.00	Percentage	42.469937	Percentage	32.469897	
Total Threat Costs	N/A	Final Risk	0.424699	Final Risk	0.324699	
		ECL	$424.70	ECL	$324.70	
				ECL Delta	$100.00	

Change Unit Cost
Calculate Final Cost
Print Summary
Print Results Table
View Threat Advice
Print Single Threat/CM Selection
Print Advice Threat/CM Selections
Print All Threat/CM Selections
Update Survey Questions

Change Cost
Show where you are in Security Meter
Optimize

3 Vulnerabilities

RESPONDENT-13:

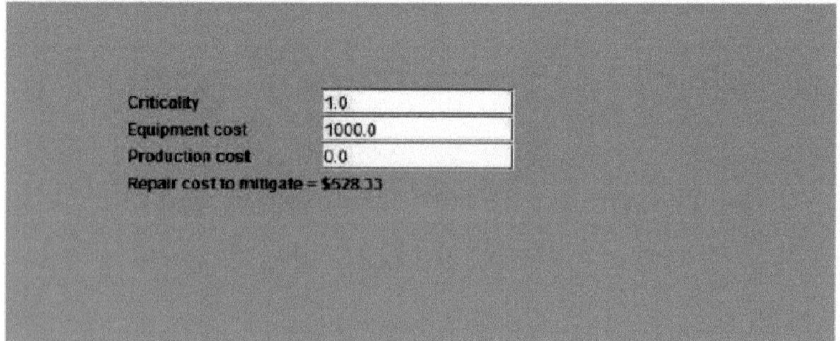

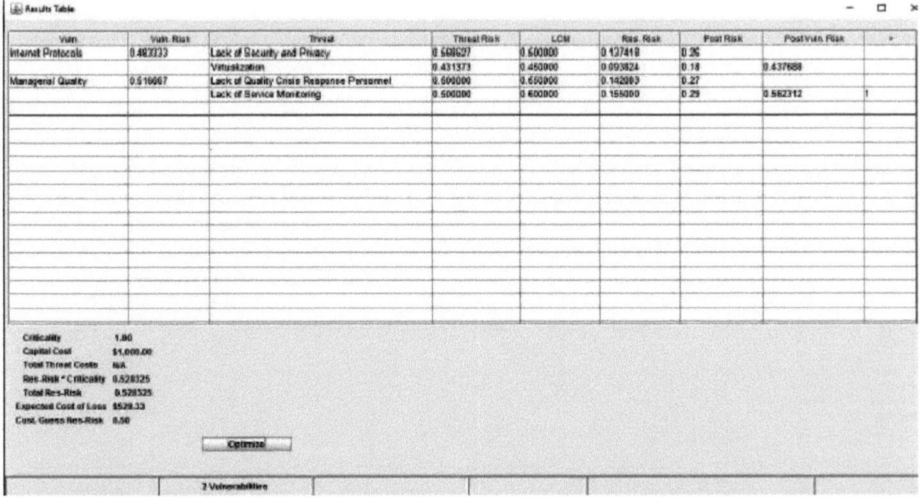

Results Table

Vuln.	Vuln. Risk	Threat	Threat Risk	LCM	Res. Risk	Post Risk	Post Vuln. Risk	*
Internet Protocols	0.483333	Lack of Security and Privacy	0.568627	0.500000	0.137418	0.26		
		Virtualization	0.431373	0.450000	0.093824	0.18	0.437688	
Managerial Quality	0.516667	Lack of Quality Crisis Response Personnel	0.500000	0.650000	0.142083	0.27		
		Lack of Service Monitoring	0.500000	0.600000	0.155000	0.29	0.562312	1

Criticality 1.00
Capital Cost $1,000.00
Total Threat Costs N/A
Res.Risk * Criticality 0.528325
Total Res-Risk 0.528325
Expected Cost of Loss $528.33
Cust. Guess Res-Risk 0.50

[Optimize]

2 Vulnerabilities

Results Table

Vuln.	Threat	CM & LCM	Res. Risk	CM & LCM	Res Risk	Change	Opt Cost	Unit Cost	Final Cost	Advice
0.483333	0.568627	0.500000		0.999915		0.499915	$132.47	$120.00	$120.00	Increase the CM capacity for threat "Lack of Security and Privacy" for the vulnerability of
		0.500000	0.137418	0.000085	0.000023					"Internet Protocols" from 50.00% to 99.99% for an improvement of 49.99%
	0.431373	0.560000		0.560000						
		0.450000	0.093824	0.450000	0.093824					
0.516667	0.500000	0.450000		1.000000		0.550000	$145.75	$155.00	$155.00	Increase the CM capacity for threat "Lack of Quality Crisis Response Personnel" for the vulner...
		0.560000	0.142083	0.000000	0.000000					"Managerial Quality" from 45.00% to 100.00% for an improvement of 55.00%
	0.500000	0.400000		0.589085		0.189085	$60.11	$60.00	$60.00	Increase the CM capacity for threat "Lack of Service Monitoring" for the vulnerability of
		0.600000	0.155000	0.419915	0.106153					"Managerial Quality" from 40.00% to 58.91% for an improvement of 18.91%.
						Total Chan...	Total Cost	Break Even C...	Total Final C...	
						123.90%	$328.33	$2.65	$325.00	

Criticality 1.00
Capital Cost $1,000.00
Total Threat Costs N/A

Total Risk 0.528325
Percentage 52.832516
Final Risk 0.528325
ECL $528.33

Total Risk 0.200000
Percentage 19.966997
Final Risk 0.200000
ECL $200.00
ECL Delta $328.33

[Change Cost]
[Show where you are in Security Meter]
[Optimize]

[Change Unit Cost]
[Calculate Final Cost]
[Print Summary]
[Print Results Table]
[View Threat Advice]
[Print Single Threat/CM Selection]
[Print Advice Threat/CM Selections]
[Print All Threat/CM Selections]
[Update Survey Questions]

2 Vulnerabilities

RESPONDENT-14:

Criticality	1.0
Equipment cost	1000.0
Production cost	0.0

Repair cost to mitigate = $489.29

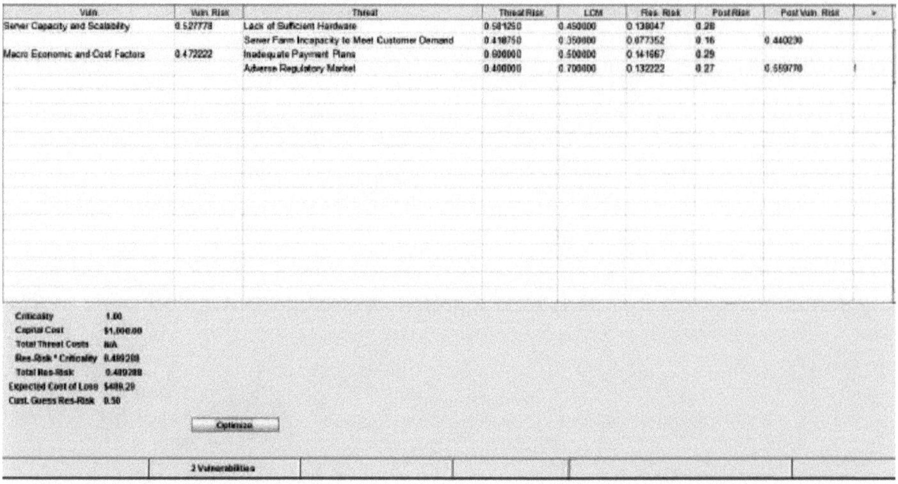

Vuln.	Vuln. Risk	Threat	Threat Risk	LCM	Res. Risk	Post Risk	Post Vuln. Risk	▾
Server Capacity and Scalability	0.527778	Lack of Sufficient Hardware	0.581250	0.450000	0.138047	0.28		
		Server Farm Incapacity to Meet Customer Demand	0.418750	0.350000	0.077352	0.16	0.440230	
Macro Economic and Cost Factors	0.472222	Inadequate Payment Plans	0.600000	0.500000	0.141667	0.29		
		Adverse Regulatory Market	0.400000	0.700000	0.132222	0.27	0.559770	

Criticality	1.00
Capital Cost	$1,000.00
Total Threat Costs	N/A
Res-Risk * Criticality	0.489288
Total Res-Risk	0.489288
Expected Cost of Loss	$489.29
Cust. Guess Res-Risk	0.50

[Optimize]

	2 Vulnerabilities		

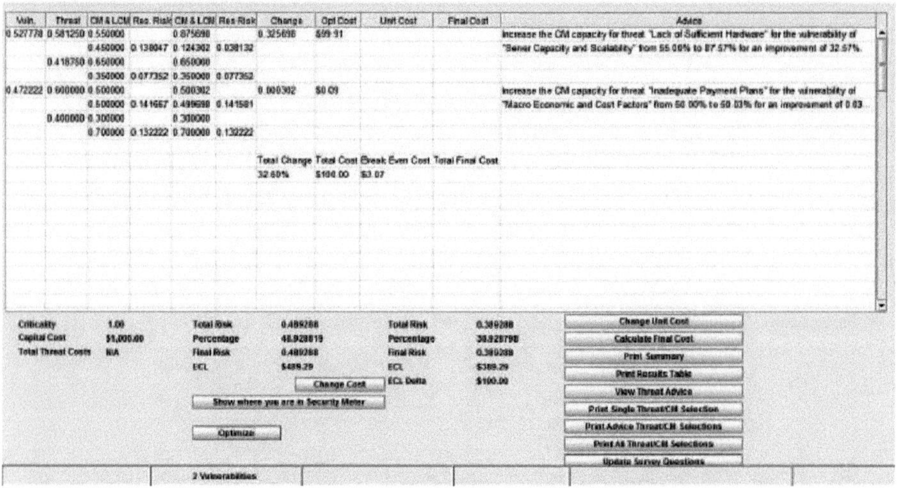

Vuln.	Threat	CM & LCM	Res. Risk	CM & LCM	Res Risk	Change	Opt Cost	Unit Cost	Final Cost	Advice
0.527778	0.581250	0.550000		0.875698		0.325698	$59.91			Increase the CM capacity for threat "Lack of Sufficient Hardware" for the vulnerability of "Server Capacity and Scalability" from 55.00% to 87.57% for an improvement of 32.57%.
		0.450000	0.138047	0.124302	0.038132					
	0.418750	0.650000		0.650000						
		0.350000	0.077352	0.350000	0.077352					
0.472222	0.600000	0.500000		0.500302		0.000302	$0.09			Increase the CM capacity for threat "Inadequate Payment Plans" for the vulnerability of "Macro Economic and Cost Factors" from 50.00% to 50.03% for an improvement of 0.03.
		0.500000	0.141667	0.499698	0.141581					
	0.400000	0.300000		0.300000						
		0.700000	0.132222	0.700000	0.132222					

Total Change	Total Cost	Break Even Cost	Total Final Cost
32.60%	$100.00	$3.07	

Criticality	1.00	Total Risk	0.489288	Total Risk	0.389288
Capital Cost	$1,000.00	Percentage	48.928819	Percentage	38.928790
Total Threat Costs	N/A	Final Risk	0.489288	Final Risk	0.389288
		ECL	$489.29	ECL	$389.29
				ECL Delta	$100.00

[Change Cost]

[Show where you are in Security Meter]

[Optimize]

[Change Unit Cost]
[Calculate Final Cost]
[Print Summary]
[Print Results Table]
[View Threat Advice]
[Print Single Threat/CM Selection]
[Print Advice Threat/CM Selections]
[Print All Threat/CM Selections]
[Update Survey Questions]

	2 Vulnerabilities		

RESPONDENT-15:

Criticality   1.0
Equipment cost   1000.0
Production cost   0.0

Repair cost to mitigate = $487.92

VB	vD	Threat	Threat	LCN	Risk	Post%	PostvD	
Software Capacity	0.500000	Unsecure Code	0.541667	0.560000	0.148958	0.31		
		Lack of User Friendly Software	0.458333	0.250000	0.057292	0.12	0.422716	
Physical Infrastructure	0.500000	Power Outages	0.433333	0.450000	0.097500	0.20		
		Inadequate Repair Crews	0.566667	0.650000	0.184167	0.38	0.577284	

Criticality   1.00
Capital Cost $1,000.00
Total Threat Costs   N/A
Res-Risk * Criticality   0.487917
Total Res-Risk   0.487917
Expected Cost of Loss $487.92
Cust. Guess Res-Risk   0.50

Optimize

2 Vulnerabilities

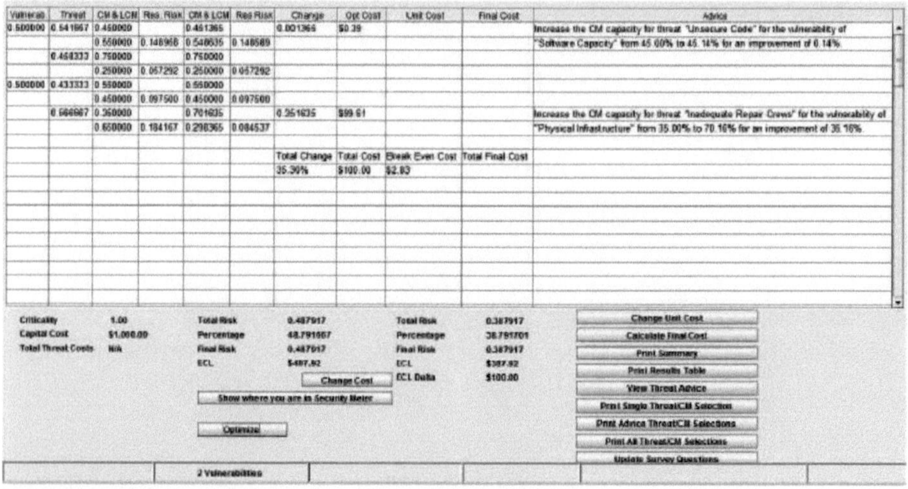

Vulnerab	Threat	CM & LCM	Res. Risk	CM & LCM	Res Risk	Change	Opt Cost	Unit Cost	Final Cost	Advice
0.500000	0.541667	0.450000		0.451365		0.001365	$0.39			Increase the CM capacity for threat "Unsecure Code" for the vulnerability of
		0.550000	0.148968	0.548635	0.148589					"Software Capacity" from 45.00% to 45.14% for an improvement of 0.14%.
	0.464333	0.750000		0.750000						
		0.250000	0.067292	0.250000	0.067292					
0.500000	0.433333	0.550000		0.550000						
		0.450000	0.097500	0.450000	0.097500					
	0.566667	0.350000		0.701635		0.351635	$99.61			Increase the CM capacity for threat "Inadequate Repair Crews" for the vulnerability of
		0.650000	0.184167	0.298365	0.084537					"Physical Infrastructure" from 35.00% to 70.16% for an improvement of 35.16%.
						Total Change	Total Cost	Break Even Cost	Total Final Cost	
						35.30%	$100.00	$2.83		

Criticality	1.00	Total Risk	0.487917	Total Risk	0.387917
Capital Cost	$1,000.00	Percentage	48.791667	Percentage	38.791701
Total Threat Costs	N/A	Final Risk	0.487917	Final Risk	0.387917
		ECL	$487.92	ECL	$387.92
				ECL Delta	$100.00

Change Cost

Show where you are in Security Meter

Optimize

Change Unit Cost
Calculate Final Cost
Print Summary
Print Results Table
View Threat Advice
Print Single Threat/CM Selection
Print Advice Threat/CM Selections
Print All Threat/CM Selections
Update Survey Questions

2 Vulnerabilities

RESPONDENT-16:

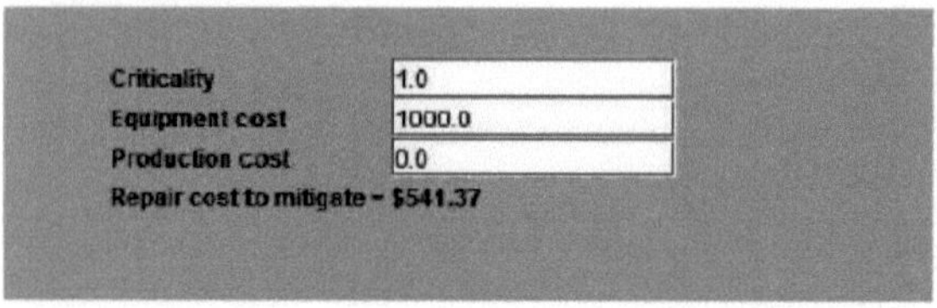

Criticality	1.0
Equipment cost	1000.0
Production cost	0.0
Repair cost to mitigate − $541.37	

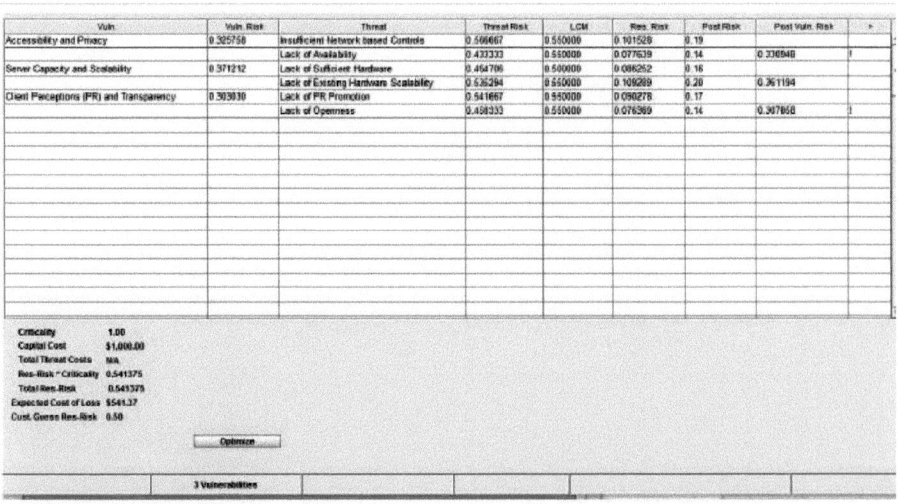

Vuln	Vuln. Risk	Threat	Threat Risk	LCM	Res. Risk	Post Risk	Post Vuln. Risk	▸
Accessibility and Privacy	0.325758	Insufficient Network based Controls	0.566667	0.550000	0.101528	0.19		
		Lack of Availability	0.433333	0.550000	0.077639	0.14	0.330948	
Server Capacity and Scalability	0.371212	Lack of Sufficient Hardware	0.464706	0.500000	0.086262	0.16		
		Lack of Existing Hardware Scalability	0.535294	0.550000	0.109289	0.20	0.361194	
Client Perceptions (PR) and Transparency	0.303030	Lack of PR Promotion	0.541667	0.550000	0.090278	0.17		
		Lack of Openness	0.458333	0.550000	0.076369	0.14	0.307858	

Criticality	1.00
Capital Cost	$1,000.00
Total Threat Costs	N/A
Res-Risk * Criticality	0.541375
Total Res-Risk	0.541375
Expected Cost of Loss	$541.37
Cust. Guess Res-Risk	0.50

Optimize

3 Vulnerabilities

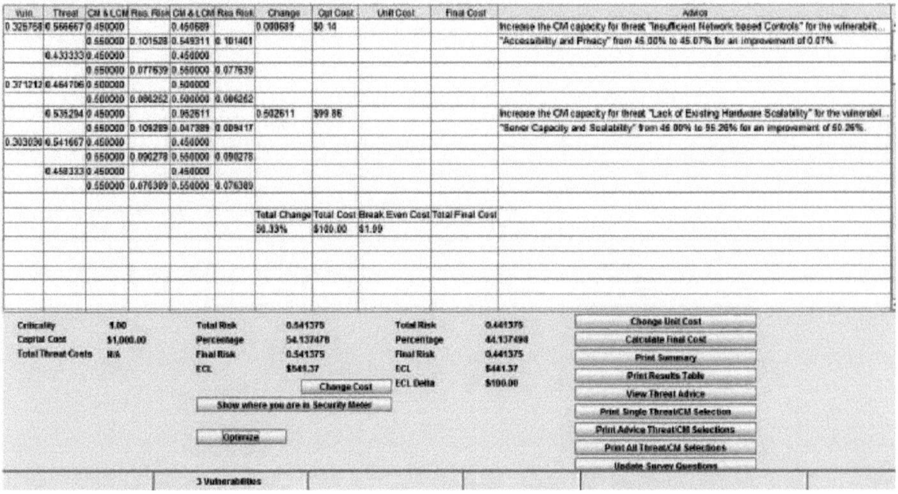

Vuln	Threat	CM & LCM	Res. Risk	CM & LCM	Res. Risk	Change	Opt Cost	Unit Cost	Final Cost	Advice
0.325758	0.566667	0.450000		0.450689		0.000689	$0.14			Increase the CM capacity for threat "Insufficient Network based Controls" for the vulnerabilit...
		0.550000	0.101528	0.549311	0.101461					"Accessibility and Privacy" from 45.00% to 45.07% for an improvement of 0.07%.
	0.433333	0.450000		0.450000						
		0.550000	0.077639	0.550000	0.077639					
0.371212	0.464706	0.500000		0.500000						
		0.500000	0.086262	0.500000	0.086262					
	0.535294	0.450000		0.952611		0.502611	$99.86			Increase the CM capacity for threat "Lack of Existing Hardware Scalability" for the vulnerabil...
		0.550000	0.109289	0.047389	0.009417					"Server Capacity and Scalability" from 45.00% to 95.26% for an improvement of 50.26%.
0.303030	0.541667	0.450000		0.450000						
		0.550000	0.090278	0.550000	0.090278					
	0.458333	0.450000		0.450000						
		0.550000	0.076369	0.550000	0.076369					

Total Change	Total Cost	Break Even Cost	Total Final Cost
56.33%	$100.00	$1.09	

Criticality	1.00	Total Risk	0.541375	Total Risk	0.441375
Capital Cost	$1,000.00	Percentage	54.137478	Percentage	44.137498
Total Threat Costs	N/A	Final Risk	0.541375	Final Risk	0.441375
		ECL	$541.37	ECL	$441.37
				ECL Delta	$100.00

Change Cost

Show where you are in Security Meter

Optimize

Change Unit Cost
Calculate Final Cost
Print Summary
Print Results Table
View Threat Advice
Print Single Threat/CM Selection
Print Advice Threat/CM Selections
Print All Threat/CM Selections
Update Survey Questions

3 Vulnerabilities

RESPONDENT-17:

Criticality	1.0
Equipment cost	1000.0
Production cost	0.0

Repair cost to mitigate – $481.67

Vuln	Vuln. Risk	Threat	Threat Risk	LCM	Res. Risk	Post Risk	Post Vuln. Risk	
Software Capacity	0.533333	Software Incompatibility	0.500000	0.480000	0.106667	0.22		
		Lack of User Friendly Software	0.500000	0.450000	0.120000	0.25	0.470588	
Data and Disaster Recovery	0.466667	Inadequate Software and Hardware	0.535714	0.500000	0.125000	0.26		
		Recovery Time	0.464286	0.600000	0.130000	0.27	0.529412	

Criticality	1.00
Capital Cost	$1,000.00
Total Threat Costs	N/A
Res-Risk * Criticality	0.481667
Total Res-Risk	0.481667
Expected Cost of Loss	$481.67
Cust. Guess Res-Risk	0.50

[Optimize]

2 Vulnerabilities

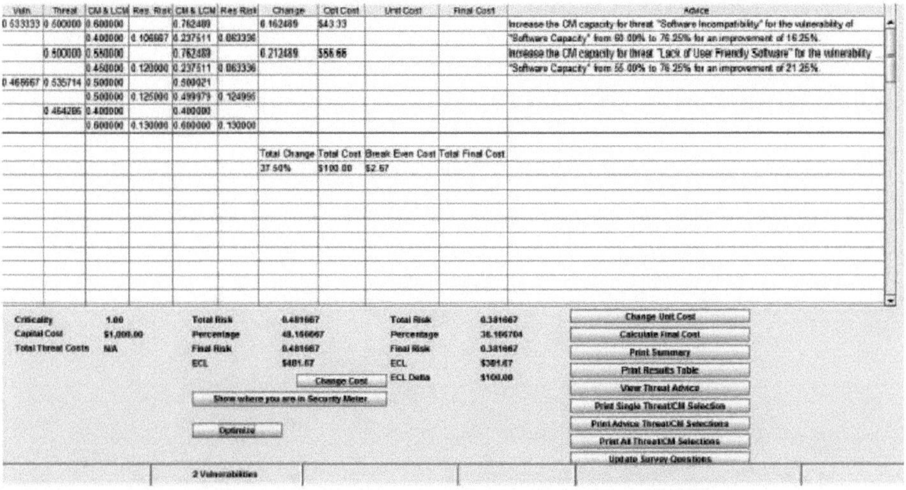

Vuln	Threat	CM & LCM	Res. Risk	CM & LCM	Res Risk	Change	Opt Cost	Unit Cost	Final Cost	Advice
0.633333	0.600000	0.600000		0.762489		0.162489	$43.33			Increase the CM capacity for threat "Software Incompatibility" for the vulnerability of
		0.400000	0.106667	0.237511	0.063336					"Software Capacity" from 60.00% to 76.25% for an improvement of 16.25%.
	0.500000	0.550000		0.762489		0.212489	$55.66			Increase the CM capacity for threat "Lack of User Friendly Software" for the vulnerability
		0.450000	0.120000	0.237511	0.063336					"Software Capacity" from 55.00% to 76.25% for an improvement of 21.25%.
0.466667	0.535714	0.500000		0.500921						
		0.500000	0.125000	0.499979	0.124995					
	0.464286	0.400000		0.400000						
		0.600000	0.130000	0.600000	0.130000					

						Total Change	Total Cost	Break Even Cost	Total Final Cost
						37.50%	$100.00	$2.67	

Criticality	1.00	Total Risk	0.481667	Total Risk	0.381667
Capital Cost	$1,000.00	Percentage	48.166667	Percentage	38.166704
Total Threat Costs	N/A	Final Risk	0.481667	Final Risk	0.381667
		ECL	$481.67	ECL	$381.67
				ECL Delta	$100.00

Buttons: Change Cost | Show where you are in Security Meter | Optimize

Buttons: Change Unit Cost | Calculate Final Cost | Print Summary | Print Results Table | View Threat Advice | Print Single Threat/CM Selection | Print Advice Threat/CM Selections | Print All Threat/CM Selections | Update Survey Questions

2 Vulnerabilities

RESPONDENT-18:

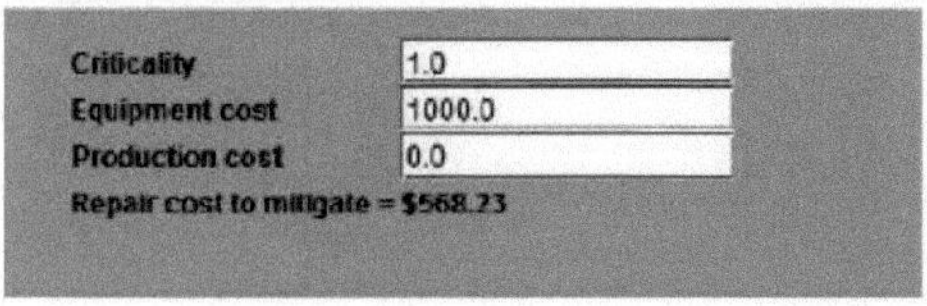

Criticality	1.0
Equipment cost	1000.0
Production cost	0.0

Repair cost to mitigate = $568.23

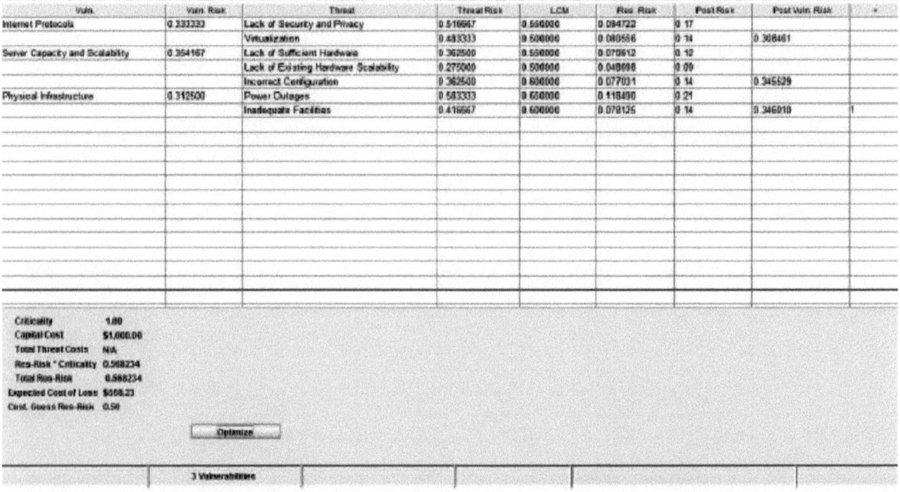

Vuln.	Vuln. Risk	Threat	Threat Risk	LCM	Res. Risk	Post Risk	Post Vuln. Risk	
Internet Protocols	0.333333	Lack of Security and Privacy	0.516667	0.550000	0.094722	0.17		
		Virtualization	0.483333	0.500000	0.080556	0.14	0.306461	
Server Capacity and Scalability	0.354167	Lack of Sufficient Hardware	0.362500	0.550000	0.070612	0.12		
		Lack of Existing Hardware Scalability	0.275000	0.500000	0.048698	0.09		
		Incorrect Configuration	0.362500	0.600000	0.077031	0.14	0.345529	
Physical Infrastructure	0.312500	Power Outages	0.583333	0.650000	0.118490	0.21		
		Inadequate Facilities	0.416667	0.600000	0.079125	0.14	0.346010	!

Criticality   1.00
Capital Cost $1,000.00
Total Threat Costs   N/A
Res-Risk * Criticality   0.568234
Total Res-Risk   0.568234
Expected Cost of Loss $568.23
Cust. Guess Res-Risk   0.50

[Optimize]

3 Vulnerabilities

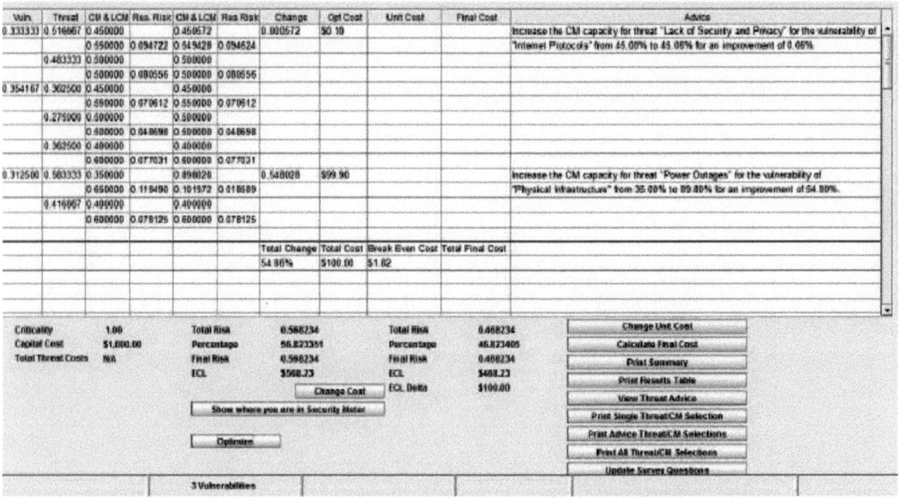

Vuln.	Threat	CM & LCM	Res. Risk	CM & LCM	Res. Risk	Change	Opt Cost	Unit Cost	Final Cost	Advice
0.333333	0.516667	0.450000		0.450572		0.000572	$0.10			Increase the CM capacity for threat "Lack of Security and Privacy" for the vulnerability of
		0.550000	0.094722	0.549428	0.094624					"Internet Protocols" from 45.00% to 45.06% for an improvement of 0.06%
	0.483333	0.500000		0.500000						
		0.500000	0.080556	0.500000	0.080556					
0.354167	0.362500	0.450000		0.450000						
		0.550000	0.070612	0.550000	0.070612					
	0.275000	0.500000		0.500000						
		0.500000	0.048698	0.500000	0.048698					
	0.362500	0.400000		0.400000						
		0.600000	0.077031	0.600000	0.077031					
0.312500	0.583333	0.350000		0.898026		0.548026	$99.90			Increase the CM capacity for threat "Power Outages" for the vulnerability of
		0.650000	0.118490	0.101972	0.018589					"Physical Infrastructure" from 35.00% to 89.80% for an improvement of 54.80%.
	0.416667	0.400000		0.400000						
		0.600000	0.078125	0.600000	0.078125					
						Total Change	Total Cost	Break Even Cost	Total Final Cost	
						54.86%	$100.00	$1.82		

Criticality   1.00   Total Risk   0.568234   Total Risk   0.468234
Capital Cost $1,000.00   Percentage   56.823351   Percentage   46.823405
Total Threat Costs   N/A   Final Risk   0.568234   Final Risk   0.468234
    ECL $568.23   ECL $468.23
    ECL Delta $100.00

[Change Cost]
[Show where you are in Security Meter]
[Optimize]

[Change Unit Cost]
[Calculate Final Cost]
[Print Summary]
[Print Results Table]
[View Threat Advice]
[Print Single Threat/CM Selection]
[Print Advice Threat/CM Selections]
[Print All Threat/CM Selections]
[Update Survey Questions]

3 Vulnerabilities

RESPONDENT-19:

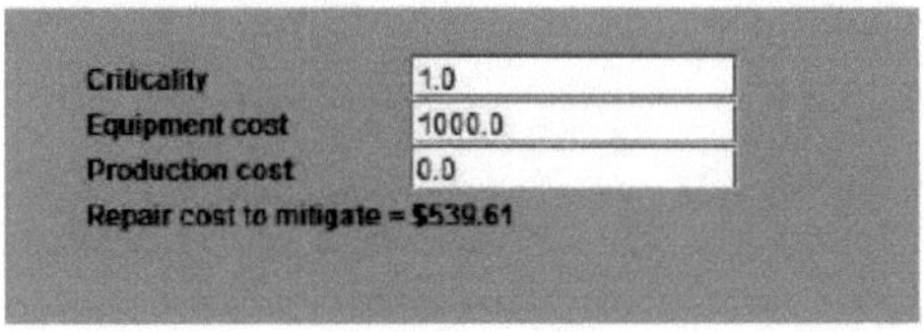

Criticality   1.0
Equipment cost   1000.0
Production cost   0.0

Repair cost to mitigate = $539.61

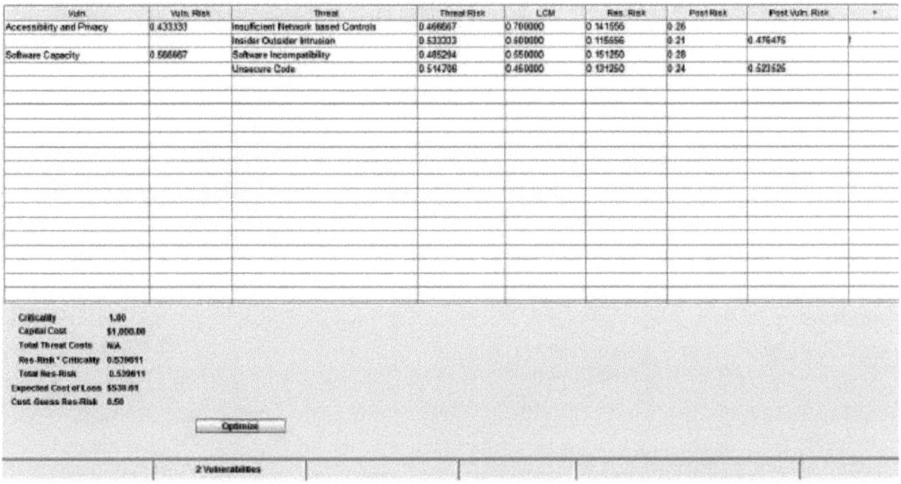

Vuln.	Vuln. Risk	Threat	Threat Risk	LCM	Res. Risk	Post Risk	Post Vuln. Risk	*
Accessibility and Privacy	0.433333	Insufficient Network based Controls	0.466667	0.700000	0.141556	0.26		
		Insider Outsider Intrusion	0.533333	0.600000	0.115656	0.21	0.476475	
Software Capacity	0.566667	Software Incompatibility	0.485294	0.650000	0.151250	0.26		
		Unsecure Code	0.514706	0.450000	0.131250	0.24	0.523525	

Criticality   1.00
Capital Cost $1,000.00
Total Threat Costs   N/A
Res-Risk * Criticality   0.539611
Total Res-Risk   0.539611
Expected Cost of Loss $539.61
Cust. Guess Res-Risk   0.50

[Optimize]

2 Vulnerabilities

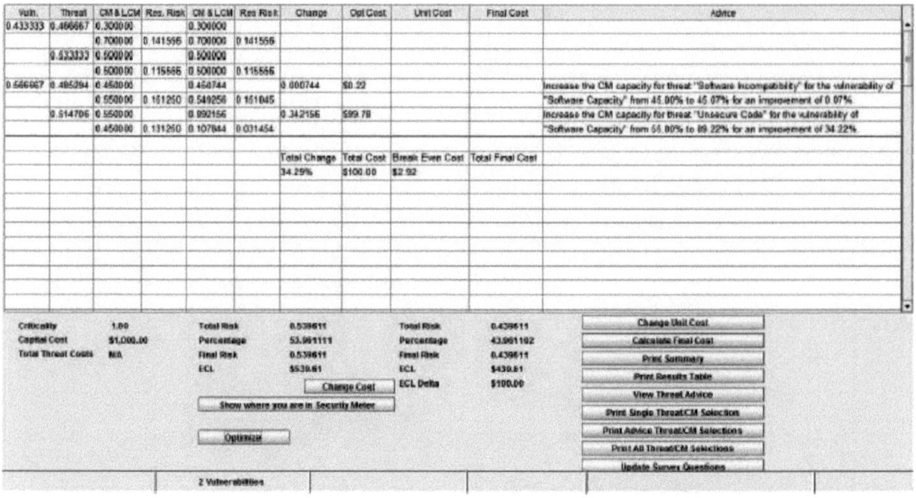

Vuln.	Threat	CM & LCM	Res. Risk	CM & LCM	Res Risk	Change	Opt Cost	Unit Cost	Final Cost	Advice
0.433333	0.466667	0.300000		0.300000						
		0.700000	0.141556	0.700000	0.141556					
	0.533333	0.500000		0.500000						
		0.500000	0.115556	0.500000	0.115556					
0.566667	0.485294	0.450000		0.454744		0.000744	$0.22			Increase the CM capacity for threat "Software Incompatibility" for the vulnerability of
		0.550000	0.161250	0.549256	0.161045					"Software Capacity" from 45.00% to 45.07% for an improvement of 0.07%
	0.514706	0.550000		0.992156		0.342156	$99.78			Increase the CM capacity for threat "Unsecure Code" for the vulnerability of
		0.450000	0.131250	0.107844	0.031454					"Software Capacity" from 55.00% to 89.22% for an improvement of 34.22%
						Total Change	Total Cost	Break Even Cost	Total Final Cost	
						34.29%	$100.00	$2.92		

Criticality	1.00	Total Risk	0.539611	Total Risk 0.439611
Capital Cost	$1,000.00	Percentage	53.961111	Percentage 43.961102
Total Threat Costs	N0.	Final Risk	0.539611	Final Risk 0.439611
		ECL	$539.61	ECL $439.61
				ECL Delta $100.00

Change Cost

Show where you are in Security Meter

Optimize

Change Unit Cost
Calculate Final Cost
Print Summary
Print Results Table
View Threat Advice
Print Single Threat/CM Selection
Print Advice Threat/CM Selections
Print All Threat/CM Selections
Update Survey Questions

2 Vulnerabilities

RESPONDENT-20:

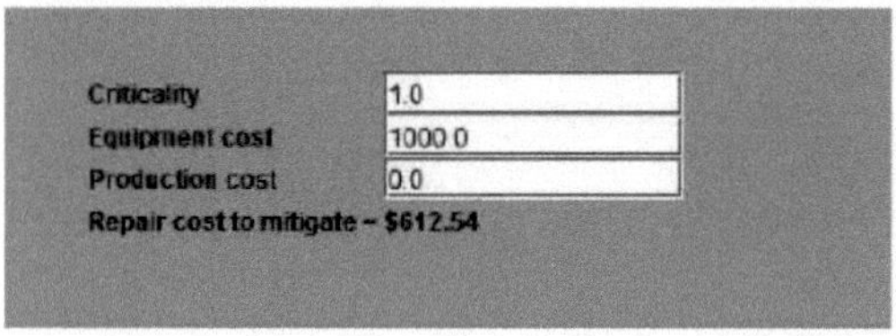

Criticality	1.0
Equipment cost	1000 0
Production cost	0.0

Repair cost to mitigate ~ $612.54

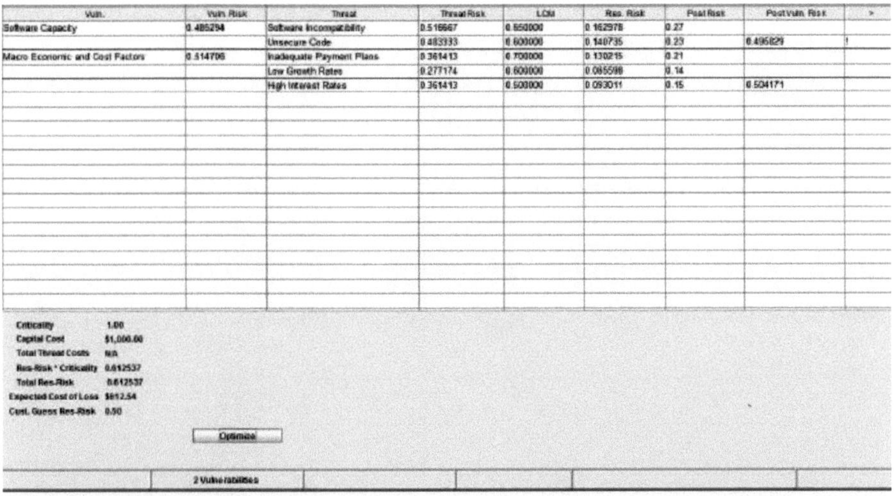

Vuln.	Vuln. Risk	Threat	Threat Risk	LCM	Res. Risk	Post Risk	Post Vuln. Risk	>
Software Capacity	0.485294	Software Incompatibility	0.516667	0.650000	0.162978	0.27		
		Unsecure Code	0.483333	0.600000	0.140735	0.23	0.495829	!
Macro Economic and Cost Factors	0.514706	Inadequate Payment Plans	0.361413	0.700000	0.130215	0.21		
		Low Growth Rates	0.277174	0.600000	0.085598	0.14		
		High Interest Rates	0.361413	0.500000	0.093011	0.15	0.504171	

Criticality | 1.00
Capital Cost | $1,000.00
Total Threat Costs | N/A
Res-Risk * Criticality | 0.612537
Total Res-Risk | 0.612537
Expected Cost of Loss | $612.54
Cust. Guess Res-Risk | 0.50

[Optimize]

2 Vulnerabilities

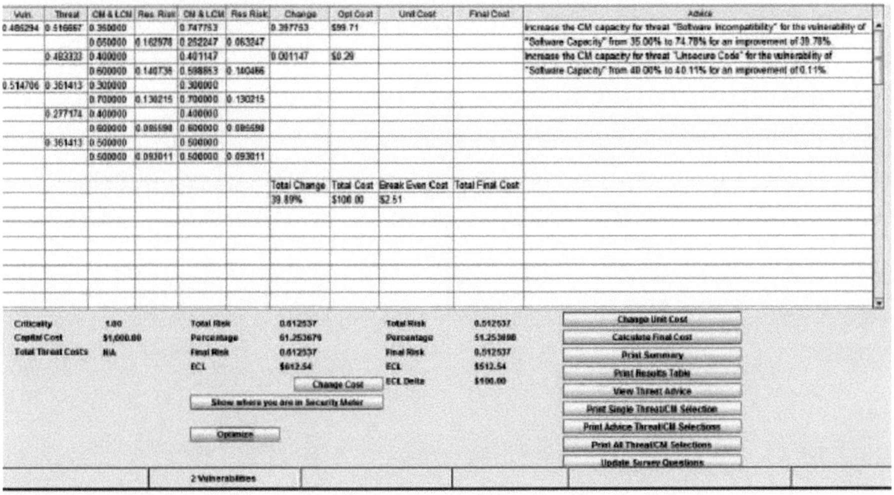

Vuln.	Threat	CM & LCM	Res. Risk	CM & LCM	Res Risk	Change	Opt Cost	Unit Cost	Final Cost	Advice
0.485294	0.516667	0.350000		0.747763		0.397763	$99.71			Increase the CM capacity for threat "Software Incompatibility" for the vulnerability of
		0.650000	0.162978	0.252247	0.063247					"Software Capacity" from 35.00% to 74.78% for an improvement of 39.78%.
	0.483333	0.400000		0.401147		0.001147	$0.29			Increase the CM capacity for threat "Unsecure Code" for the vulnerability of
		0.600000	0.140735	0.598853	0.140466					"Software Capacity" from 40.00% to 40.11% for an improvement of 0.11%.
0.514706	0.361413	0.300000		0.300000						
		0.700000	0.130215	0.700000	0.130215					
	0.277174	0.400000		0.400000						
		0.600000	0.085598	0.600000	0.085598					
	0.361413	0.500000		0.500000						
		0.500000	0.093011	0.500000	0.093011					
						Total Change	Total Cost	Break Even Cost	Total Final Cost	
						39.89%	$100.00	$2.51		

Criticality | 1.00
Capital Cost | $1,000.00
Total Threat Costs | N/A

Total Risk | 0.612537
Percentage | 61.253679
Final Risk | 0.612537
ECL | $612.54

Total Risk | 0.612537
Percentage | 51.253698
Final Risk | 0.612537
ECL | $512.54
ECL Delta | $100.00

[Change Cost]
[Show where you are in Security Meter]
[Optimize]

[Change Unit Cost]
[Calculate Final Cost]
[Print Summary]
[Print Results Table]
[View Threat Advice]
[Print Single Threat/CM Selection]
[Print Advice Threat/CM Selections]
[Print All Threat/CM Selections]
[Update Survey Questions]

2 Vulnerabilities

RESPONDENT-21:

Criticality	1.0
Equipment cost	1000.0
Production cost	0.0

Repair cost to mitigate = $604.33

Vuln.	Vuln. Risk	Threat	Threat Risk	LCM	Res. Risk	Post Risk	Post Vuln. Risk	>
Software Capacity	0.301948	Software Incompatibility	0.460000	0.500000	0.067038	0.11		
		Lack of User Friendly Software	0.550000	0.700000	0.116250	0.19	0.304780	1
Internet Protocols	0.396104	Web Applications and Services	0.380952	0.500000	0.075448	0.12		
		Lack of Security and Privacy	0.333333	0.700000	0.092424	0.15		
		Virtualization	0.285714	0.500000	0.066586	0.09	0.371416	
Data and Disaster Recovery	0.301948	Lack of a Contingency Plan	0.519231	0.600000	0.094060	0.16		
		Lack of Multiple Sites	0.480769	0.700000	0.101617	0.17	0.323904	1

Criticality	1.00
Capital Cost	$1,000.00
Total Threat Costs	N/A
Res.Risk * Criticality	0.604333
Total Res.Risk	0.604333
Expected Cost of Loss	$604.33
Cust. Guess Res.Risk	0.50

[Optimize]

3 Vulnerabilities

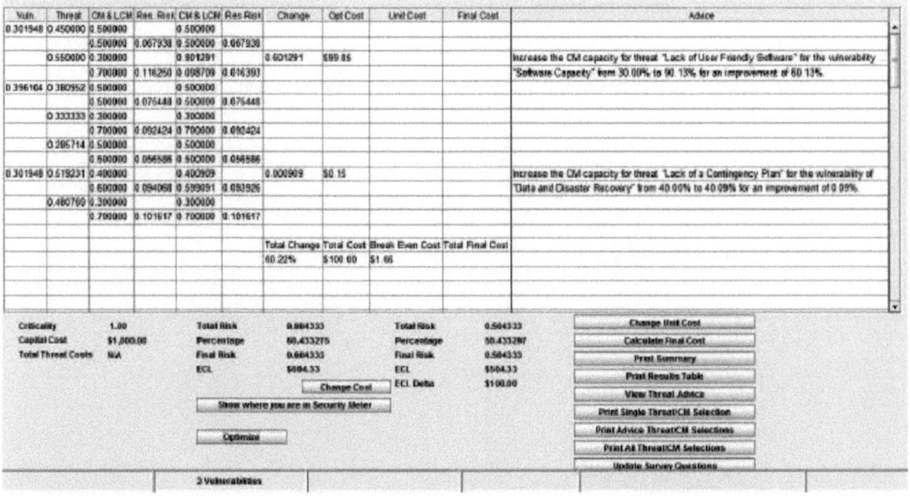

Vuln.	Threat	CM & LCM	Res. Risk	CM & LCM	Res Risk	Change	Opt Cost	Unit Cost	Final Cost	Advice
0.301948	0.450000	0.500000		0.500000						
		0.500000	0.067938	0.500000	0.067938					
	0.550000	0.300000		0.901291		0.601291	$99.85			Increase the CM capacity for threat "Lack of User Friendly Software" for the vulnerability
		0.700000	0.116250	0.008709	0.016393					"Software Capacity" from 30.00% to 90.13% for an improvement of 60.13%.
0.396104	0.380952	0.500000		0.500000						
		0.500000	0.076448	0.500000	0.076448					
	0.333333	0.300000		0.300000						
		0.700000	0.092424	0.700000	0.092424					
	0.285714	0.500000		0.500000						
		0.500000	0.056586	0.500000	0.056586					
0.301948	0.519231	0.400000		0.400909		0.000909	$0.15			Increase the CM capacity for threat "Lack of a Contingency Plan" for the vulnerability of
		0.600000	0.094068	0.599091	0.093926					"Data and Disaster Recovery" from 40.00% to 40.09% for an improvement of 0.09%.
	0.480769	0.300000		0.300000						
		0.700000	0.101617	0.700000	0.101617					
						Total Change	Total Cost	Break Even Cost	Total Final Cost	
						60.22%	$100.00	$1.66		

Criticality	1.00		Total Risk	0.604333		Total Risk	0.504333		Change Unit Cost
Capital Cost	$1,000.00		Percentage	60.433275		Percentage	50.433297		Calculate Final Cost
Total Threat Costs	N/A		Final Risk	0.604333		Final Risk	0.504333		Print Summary
			ECL	$604.33		ECL	$504.33		Print Results Table
					Change Cost	ECL Delta	$100.00		View Threat Advice
									Print Single Threat/CM Selection
	Show where you are in Security Meter								Print Advice Threat/CM Selections
									Print All Threat/CM Selections
	Optimize								Update Survey Questions

3 Vulnerabilities

RESPONDENT-22:

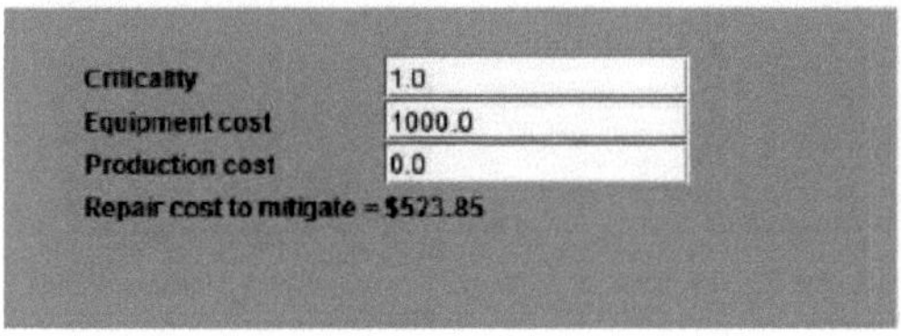

Criticality	1.0
Equipment cost	1000.0
Production cost	0.0

Repair cost to mitigate = $523.85

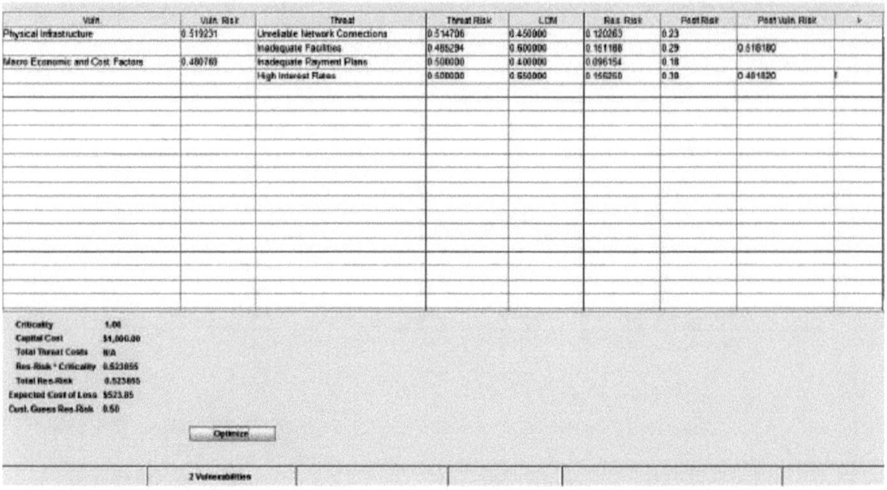

Vuln.	Vuln. Risk	Threat	Threat Risk	LCM	Res. Risk	Post Risk	Post Vuln. Risk	►
Physical Infrastructure	0.519231	Unreliable Network Connections	0.514706	0.450000	0.120263	0.23		
		Inadequate Facilities	0.485294	0.600000	0.161188	0.29	0.616180	
Macro Economic and Cost Factors	0.480769	Inadequate Payment Plans	0.500000	0.400000	0.096154	0.18		
		High Interest Rates	0.500000	0.650000	0.156250	0.30	0.481820	►

Criticality 1.00
Capital Cost $1,000.00
Total Threat Costs N/A
Res-Risk * Criticality 0.523855
Total Res-Risk 0.523855
Expected Cost of Loss $523.85
Curr. Guess Res-Risk 0.50

[Optimize]

2 Vulnerabilities

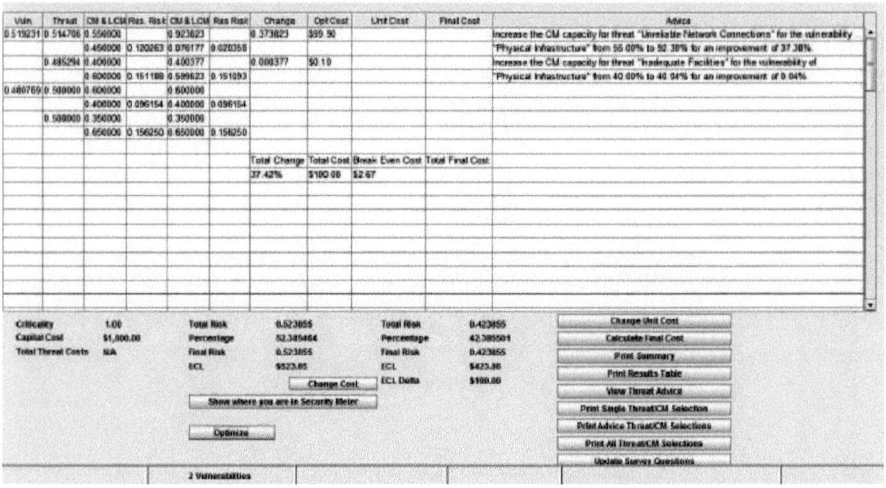

Vuln	Threat	CM & LCM	Res. Risk	CM & LCM	Res Risk	Change	Opt Cost	Unit Cost	Final Cost	Advice
0.519231	0.514706	0.550000		0.923823		0.373823	$89.90			Increase the CM capacity for threat "Unreliable Network Connections" for the vulnerability
		0.450000	0.120263	0.076177	0.020358					"Physical Infrastructure" from 55.00% to 92.38% for an improvement of 37.38%.
	0.485294	0.400000		0.400377		0.000377	$0.10			Increase the CM capacity for threat "Inadequate Facilities" for the vulnerability of
		0.600000	0.151188	0.599623	0.151093					"Physical Infrastructure" from 40.00% to 40.04% for an improvement of 0.04%.
0.480769	0.500000	0.600000		0.600000						
		0.400000	0.096154	0.400000	0.096154					
	0.500000	0.350000		0.350000						
		0.650000	0.156250	0.650000	0.156250					
						Total Change	Total Cost	Break Even Cost	Total Final Cost	
						37.42%	$180.00	$2.67		

Criticality 1.00 Total Risk 0.523855 Total Risk 0.423855
Capital Cost $1,000.00 Percentage 52.385464 Percentage 42.385501
Total Threat Costs N/A Final Risk 0.523855 Final Risk 0.423855
ECL $523.85 ECL $423.86
ECL Delta $100.00

[Change Cost]
[Show where you are in Security Meter]
[Optimize]

[Change Unit Cost]
[Calculate Final Cost]
[Print Summary]
[Print Results Table]
[View Threat Advice]
[Print Single Threat/CM Selection]
[Print Advice Threat/CM Selections]
[Print All Threat/CM Selections]
[Update Survey Questions]

2 Vulnerabilities

RESPONDENT-23:

Criticality   1.0
Equipment cost   1000.0
Production cost   0.0
Repair cost to mitigate = $596.42

Vuln.	Vuln. Risk	Threat	Threat Risk	LCM	Res. Risk	Post Risk	Post Vuln. Risk	*
Data and Disaster Recovery	0.483333	Lack of a Contingency Plan	0.569231	0.600000	0.165077	0.28		
		Lack of Multiple Sites	0.430769	0.600000	0.124923	0.21	0.486232	
Managerial Quality	0.516667	Lack of Quality Crisis Response Personnel	0.569231	0.550000	0.161755	0.27		
		Inadequate Technical Education	0.430769	0.650000	0.144667	0.24	0.513768	

Criticality   1.00
Capital Cost $1,000.00
Total Threat Costs   NA
Res-Risk * Criticality   0.596423
Total Res-Risk   0.596423
Expected Cost of Loss $596.42
Cust. Coarse Res-Risk   0.50

Optimize

2 Vulnerabilities

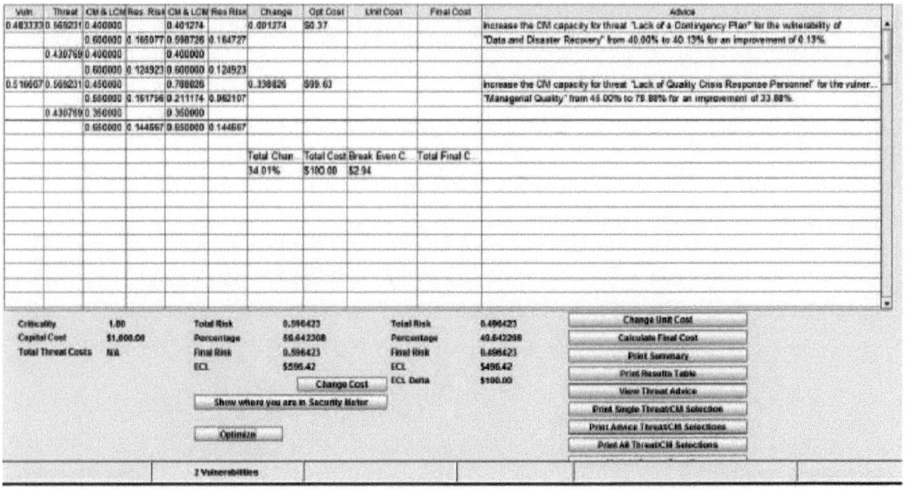

Vuln	Threat	CM & LCM	Res. Risk	CM & LCM	Res Risk	Change	Opt Cost	Unit Cost	Final Cost	Advice
0.483333	0.569231	0.400000		0.401274		0.001274	$0.37			Increase the CM capacity for threat "Lack of a Contingency Plan" for the vulnerability of
		0.600000	0.165077	0.598726	0.164727					"Data and Disaster Recovery" from 40.00% to 40.13% for an improvement of 0.13%.
	0.430769	0.400000		0.400000						
		0.600000	0.124923	0.600000	0.124923					
0.516667	0.569231	0.450000		0.788826		0.338826	$99.63			Increase the CM capacity for threat "Lack of Quality Crisis Response Personnel" for the vulner...
		0.560000	0.161756	0.211174	0.062107					"Managerial Quality" from 45.00% to 78.88% for an improvement of 33.88%.
	0.430769	0.350000		0.350000						
		0.650000	0.144667	0.650000	0.144667					
						Total Chan...	Total Cost	Break Even C.	Total Final C.	
						34.01%	$100.00	$2.94		

Criticality	1.00	
Capital Cost	$1,000.00	
Total Threat Costs	N/A	

Total Risk	0.596423	Total Risk	0.496423	
Percentage	59.642308	Percentage	49.642298	
Final Risk	0.596423	Final Risk	0.496423	
ECL	$596.42	ECL	$496.42	
		ECL Delta	$100.00	

Change Cost

Show where you are in Security Meter

Optimize

Change Unit Cost

Calculate Final Cost

Print Summary

Print Results Table

View Threat Advice

Print Single Threat/CM Selection

Print Advice Threat/CM Selections

Print All Threat/CM Selections

2 Vulnerabilities

RESPONDENT-24:

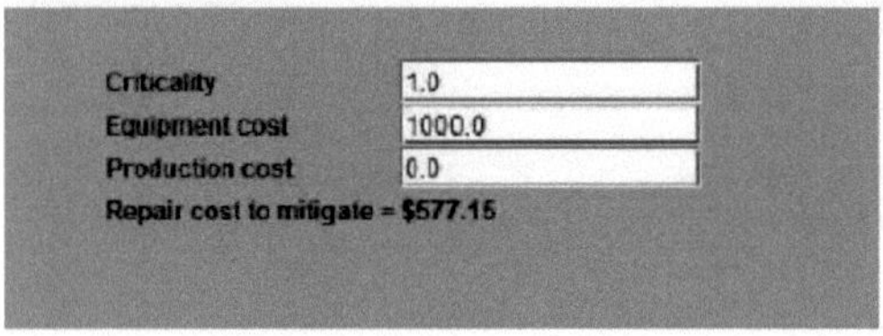

Criticality	1.0
Equipment cost	1000.0
Production cost	0.0

Repair cost to mitigate = $577.15

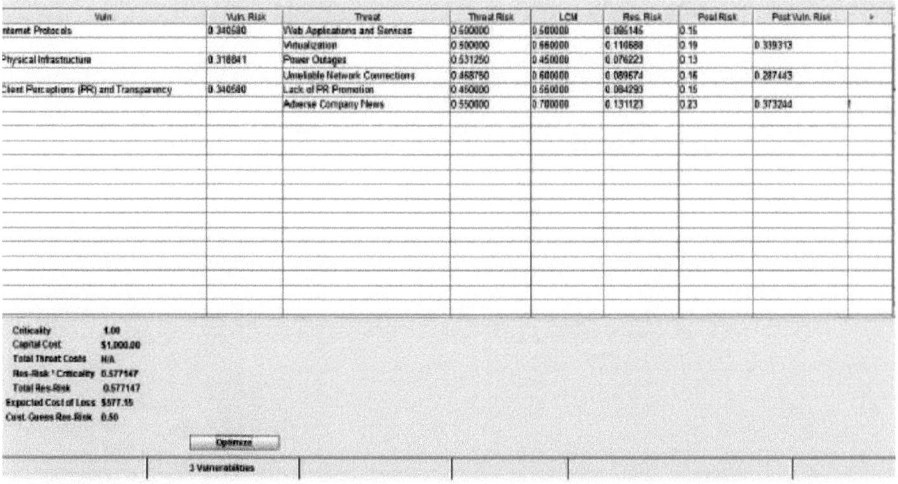

Vuln.	Vuln. Risk	Threat	Threat Risk	LCM	Res. Risk	Post Risk	Post Vuln. Risk	
Internet Protocols	0.340580	Web Applications and Services	0.500000	0.500000	0.086145	0.15		
		Virtualization	0.500000	0.660000	0.110688	0.19	0.339313	
Physical Infrastructure	0.318841	Power Outages	0.531250	0.450000	0.076223	0.13		
		Unreliable Network Connections	0.468750	0.600000	0.089674	0.16	0.287443	
Client Perceptions (PR) and Transparency	0.340580	Lack of PR Promotion	0.450000	0.660000	0.084293	0.15		
		Adverse Company News	0.550000	0.700000	0.131123	0.23	0.373244	

Criticality 1.00
Capital Cost $1,000.00
Total Threat Costs N/A
Res-Risk * Criticality 0.577147
Total Res-Risk 0.577147
Expected Cost of Loss $577.15
Cust-Guess Res-Risk 0.50

Optimize

3 Vulnerabilities

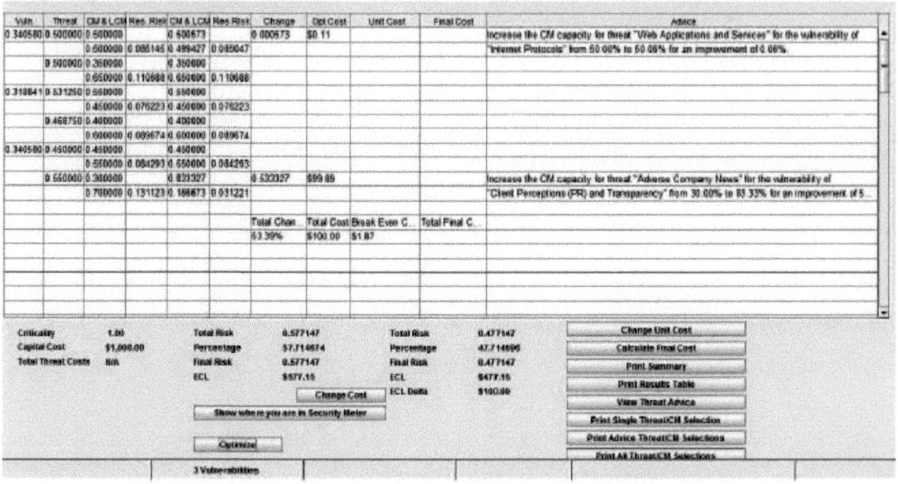

Vuln.	Threat	CM & LCM	Res. Risk	CM & LCM	Res. Risk	Change	Opt Cost	Unit Cost	Final Cost	Advice
0.340580	0.500000	0.500000		0.500673		0.000673	$0.11			Increase the CM capacity for threat "Web Applications and Services" for the vulnerability of
		0.500000	0.086145	0.499427	0.045047					"Internet Protocols" from 50.00% to 50.06% for an improvement of 0.06%.
	0.500000	0.350000		0.350000						
		0.650000	0.110688	0.650000	0.110688					
0.318841	0.531250	0.550000		0.550000						
		0.450000	0.076223	0.450000	0.076223					
	0.468750	0.400000		0.400000						
		0.600000	0.089674	0.600000	0.089674					
0.340580	0.450000	0.450000		0.450000						
		0.550000	0.084293	0.550000	0.084293					
	0.550000	0.300000		0.833327		0.533327	$99.89			Increase the CM capacity for threat "Adverse Company News" for the vulnerability of
		0.700000	0.131123	0.166673	0.031221					"Client Perceptions (PR) and Transparency" from 30.00% to 83.33% for an improvement of 5...
						Total Chan	Total Cost	Break Even C.	Total Final C.	
						53.39%	$100.00	$1.87		

Criticality 1.00
Capital Cost $1,000.00
Total Threat Costs N/A

Total Risk	0.577147	
Percentage	57.714674	
Final Risk	0.577147	
ECL	$577.15	

Total Risk	0.477147	
Percentage	47.714696	
Final Risk	0.477147	
ECL	$477.15	
ECL Delta	$100.00	

Change Cost
Show where you are in Security Meter
Optimize

Change Unit Cost
Calculate Final Cost
Print Summary
Print Results Table
View Threat Advice
Print Single Threat/CM Selection
Print Advice Threat/CM Selections
Print All Threat/CM Selections

3 Vulnerabilities

RESPONDENT-25:

Criticality   1.0
Equipment cost   1000.0
Production cost   0.0
Repair cost to mitigate = $514.14

Vuln.	Vuln. Risk	Threat	Threat Risk	LCM	Res. Risk	Post Risk	Post Vuln. Risk	>
Physical Infrastructure	0.295031	Unreliable Network Connections	0.485714	0.600000	0.085980	0.17		
		Inadequate Facilities	0.514286	0.500000	0.075865	0.16	0.314790	
Data and Disaster Recovery	0.409938	Lack of Multiple Sites	0.483333	0.550000	0.108975	0.21		
		Recovery Time	0.516667	0.450000	0.095311	0.19	0.397336	
Managerial Quality	0.295031	Lack of Quality Crisis Response Personnel	0.516667	0.550000	0.083838	0.16		
		Insufficient Load Demand Management	0.483333	0.450000	0.064169	0.12	0.287874	

Criticality   1.00
Capital Cost $1,000.00
Total Threat Costs   N/A
Res-Risk * Criticality   0.514139
Total Res.Risk   0.514139
Expected Cost of Loss $514.14
Cust. Guess Res-Risk   0.50

Optimize

3 Vulnerabilities

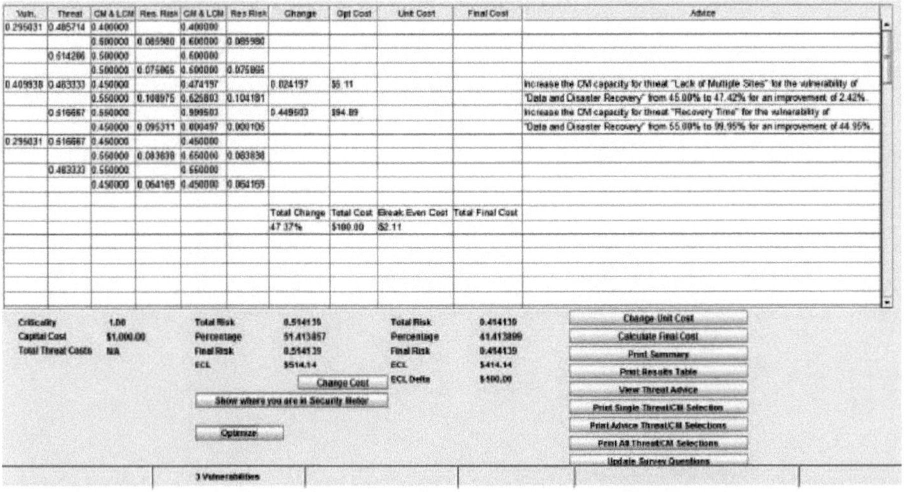

Vuln.	Threat	CM & LCM	Res. Risk	CM & LCM	Res Risk	Change	Opt Cost	Unit Cost	Final Cost	Advice
0.295031	0.485714	0.400000		0.400000						
		0.600000	0.085980	0.600000	0.085980					
	0.614286	0.500000		0.600000						
		0.500000	0.075865	0.600000	0.075865					
0.409938	0.483333	0.450000		0.474197		0.024197	$5.11			Increase the CM capacity for threat "Lack of Multiple Sites" for the vulnerability of
		0.550000	0.108975	0.625803	0.104181					"Data and Disaster Recovery" from 45.00% to 47.42% for an improvement of 2.42%.
	0.516667	0.550000		0.999503		0.449503	$94.89			Increase the CM capacity for threat "Recovery Time" for the vulnerability of
		0.450000	0.095311	0.000497	0.000105					"Data and Disaster Recovery" from 55.00% to 99.95% for an improvement of 44.95%.
0.295031	0.516667	0.450000		0.450000						
		0.550000	0.083838	0.550000	0.083838					
	0.483333	0.550000		0.550000						
		0.450000	0.064165	0.450000	0.064165					
						Total Change	Total Cost	Break Even Cost	Total Final Cost	
						47.37%	$100.00	$2.11		

Criticality	1.00	Total Risk	0.514139	
Capital Cost	$1,000.00	Percentage	51.413857	
Total Threat Costs	NA	Final Risk	0.514139	
		ECL	$514.14	

Total Risk	0.414139
Percentage	41.413899
Final Risk	0.414139
ECL	$414.14
ECL Delta	$100.00

Change Cost

Show where you are in Security Meter

Optimize

Change Unit Cost

Calculate Final Cost

Print Summary

Print Results Table

View Threat Advice

Print Single Threat/CM Selection

Print Advice Threat/CM Selections

Print All Threat/CM Selections

Update Survey Questions

3 Vulnerabilities

RESPONDENT-26:

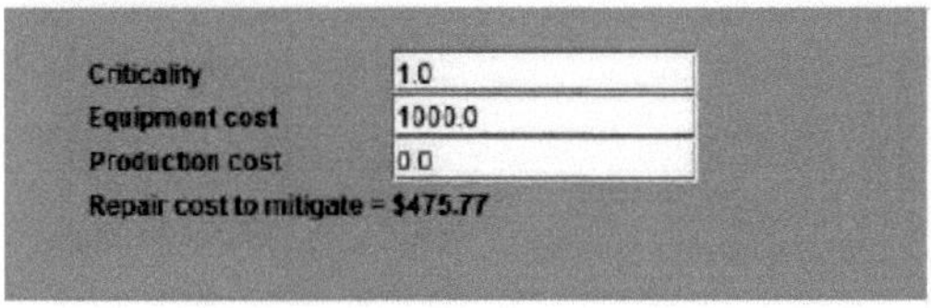

Criticality	1.0
Equipment cost	1000.0
Production cost	0.0

Repair cost to mitigate = $475.77

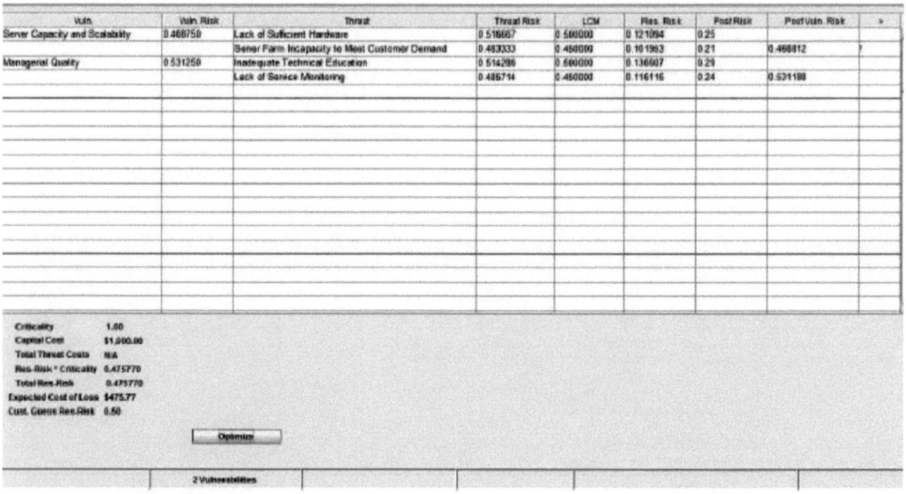

Vuln.	Vuln. Risk	Threat	Threat Risk	LCM	Res. Risk	Post Risk	Post Vuln. Risk	▸
Server Capacity and Scalability	0.468750	Lack of Sufficient Hardware	0.516667	0.500000	0.121094	0.25		
		Server Farm Incapacity to Meet Customer Demand	0.483333	0.450000	0.101953	0.21	0.468812	▸
Managerial Quality	0.531250	Inadequate Technical Education	0.514286	0.600000	0.136607	0.29		
		Lack of Service Monitoring	0.485714	0.450000	0.116116	0.24	0.531188	

Criticality 1.00
Capital Cost $1,000.00
Total Threat Costs N/A
Res-Risk * Criticality 0.475770
Total Res-Risk 0.475770
Expected Cost of Loss $475.77
Curr. Guess Res.Risk 0.50

[Optimize]

	2 Vulnerabilities				

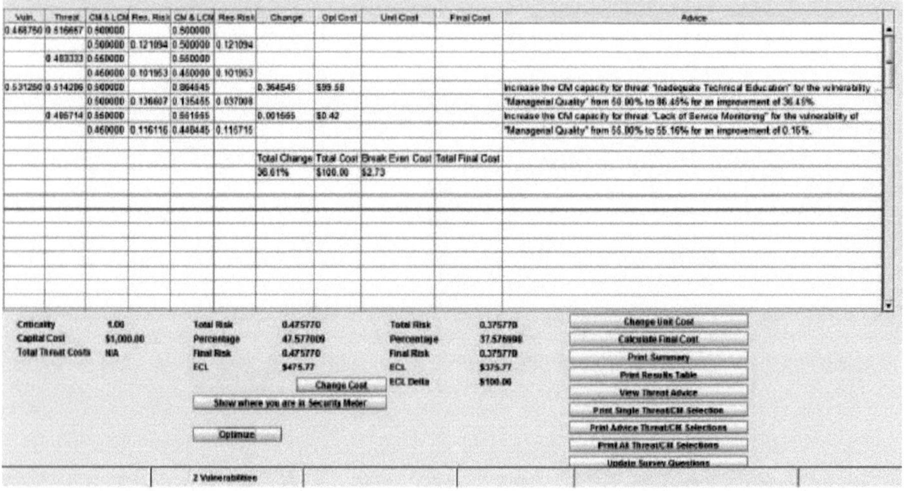

Vuln.	Threat	CM & LCM	Res. Risk	CM & LCM	Res Risk	Change	Opt Cost	Unit Cost	Final Cost	Advice
0.468750	0.516667	0.500000		0.500000						
		0.500000	0.121094	0.500000	0.121094					
	0.483333	0.550000		0.550000						
		0.450000	0.101953	0.450000	0.101953					
0.531250	0.514286	0.500000		0.864545		0.364545	$99.58			Increase the CM capacity for threat "Inadequate Technical Education" for the vulnerability
		0.500000	0.136607	0.135455	0.037008					"Managerial Quality" from 50.00% to 86.45% for an improvement of 36.45%.
	0.485714	0.550000		0.551565		0.001565	$0.42			Increase the CM capacity for threat "Lack of Service Monitoring" for the vulnerability of
		0.450000	0.116116	0.448445	0.116715					"Managerial Quality" from 55.00% to 55.16% for an improvement of 0.16%.
						Total Change	Total Cost	Break Even Cost	Total Final Cost	
						36.61%	$100.00	$2.73		

Criticality 1.00
Capital Cost $1,000.00
Total Threat Costs N/A

Total Risk 0.475770
Percentage 47.577009
Final Risk 0.475770
ECL $475.77

Total Risk 0.375770
Percentage 37.576998
Final Risk 0.375770
ECL $375.77
ECL Delta $100.00

[Change Cost]
[Show where you are in Security Meter]
[Optimize]

[Change Unit Cost]
[Calculate Final Cost]
[Print Summary]
[Print Results Table]
[View Threat Advice]
[Print Single Threat/CM Selection]
[Print Advice Threat/CM Selections]
[Print All Threat/CM Selections]
[Update Survey Questions]

	2 Vulnerabilities				

RESPONDENT-27:

Criticality	1.0
Equipment cost	1000.0
Production cost	0.0

Repair cost to mitigate = $624.31

Vuln	Vuln. Risk	Threat	Threat Risk	LCM	Res. Risk	Post Risk	Post Vuln. Risk	>
Accessibility and Privacy	0.468760	Insuficient Network based Controls	0.591667	0.600000	0.166406	0.27		
		Insider Outsider Intrusion	0.408333	0.650000	0.124014	0.20	0.465826	
Software Capacity	0.531260	Software Incompatibility	0.445055	0.600000	0.141861	0.23		
		Unsecure Code	0.554945	0.650000	0.191629	0.31	0.534174	

Criticality	1.00
Capital Cost	$1,000.00
Total Threat Costs	N/A
Res-Risk * Criticality	0.624311
Total Res-Risk	0.624311
Expected Cost of Loss	$624.31
Cust. Guess Res-Risk	0.60

[Optimize]

2 Vulnerabilities

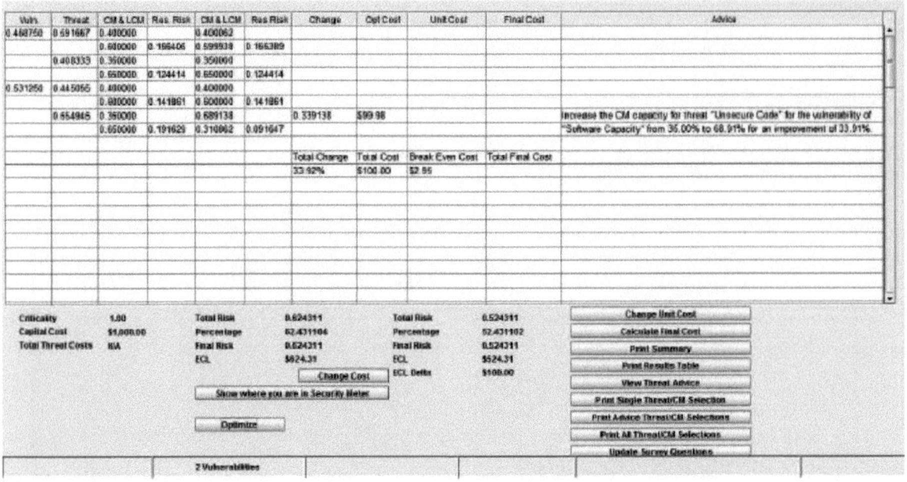

Vuln.	Threat	CM & LCM	Res. Risk	CM & LCM	Res Risk	Change	Opt Cost	Unit Cost	Final Cost	Advice
0.468750	0.591667	0.400000		0.400062						
		0.600000	0.166406	0.599938	0.166389					
	0.408333	0.350000		0.350000						
		0.650000	0.124414	0.650000	0.124414					
0.531250	0.445055	0.400000		0.400000						
		0.800000	0.141861	0.800000	0.141861					
	0.654945	0.350000		0.689138		0.339138	$99.98			Increase the CM capacity for threat "Unsecure Code" for the vulnerability of
		0.650000	0.191629	0.310862	0.091647					"Software Capacity" from 35.00% to 68.91% for an improvement of 33.91%.
						Total Change	Total Cost	Break Even Cost	Total Final Cost	
						33.92%	$100.00	$2.95		

Criticality	1.00	Total Risk	0.624311	Total Risk	0.524311	
Capital Cost	$1,000.00	Percentage	62.431104	Percentage	52.431102	
Total Threat Costs	N\A	Final Risk	0.624311	Final Risk	0.524311	
		ECL	$624.31	ECL	$524.31	
				ECL Delta	$100.00	

Change Unit Cost

Calculate Final Cost

Print Summary

Print Results Table

View Threat Advice

Print Single Threat/CM Selection

Print Advice Threat/CM Selections

Print All Threat/LCM Selections

Update Survey Questions

Change Cost

Show where you are in Security Meter

Optimize

2 Vulnerabilities

RESPONDENT-28:

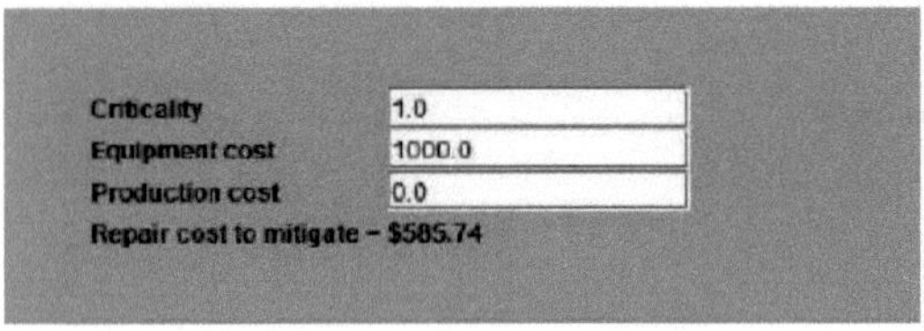

Criticality	1.0
Equipment cost	1000.0
Production cost	0.0

Repair cost to mitigate – $585.74

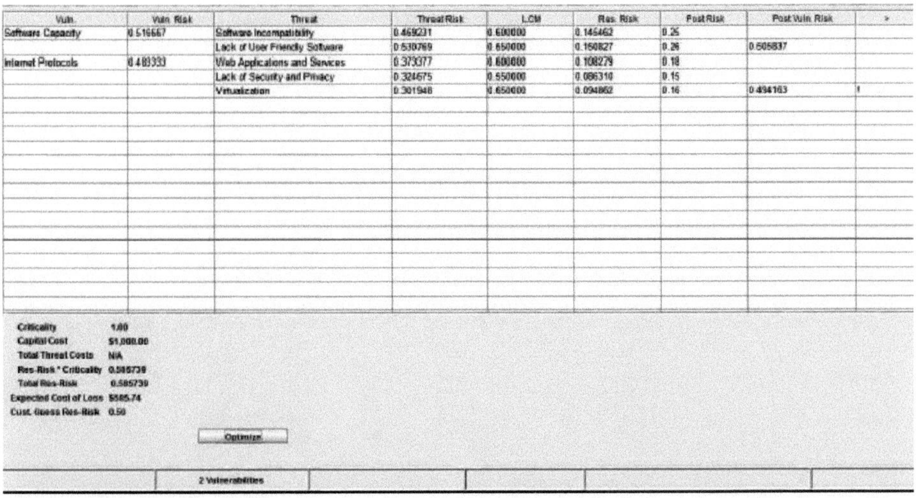

Vuln.	Vuln. Risk	Threat	Threat Risk	LCM	Res. Risk	Post Risk	Post Vuln. Risk	>
Software Capacity	0.516667	Software Incompatibility	0.469231	0.600000	0.145462	0.25		
		Lack of User Friendly Software	0.530769	0.650000	0.160827	0.26	0.505837	
Internet Protocols	0.483333	Web Applications and Services	0.373377	0.600000	0.108279	0.18		
		Lack of Security and Privacy	0.324675	0.550000	0.086310	0.15		
		Virtualization	0.301948	0.650000	0.094862	0.16	0.494163	!

Criticality	1.00
Capital Cost	$1,000.00
Total Threat Costs	N/A
Res-Risk * Criticality	0.585739
Total Res-Risk	0.585739
Expected Cost of Loss	$585.74
Cust. Guess Res-Risk	0.50

Optimize

2 Vulnerabilities

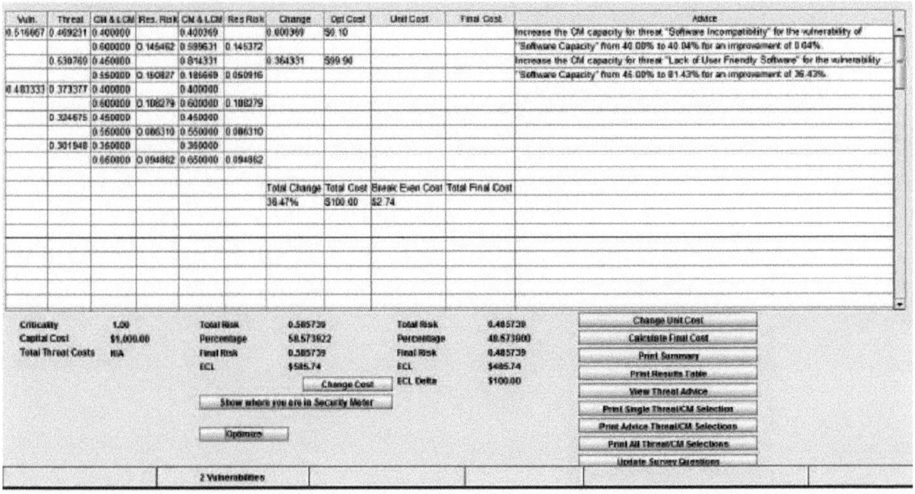

Vuln.	Threat	CM & LCM	Res. Risk	CM & LCM	Res Risk	Change	Opt Cost	Unit Cost	Final Cost	Advice
0.516667	0.469231	0.400000			0.400369	0.000369	$0.10			Increase the CM capacity for threat "Software Incompatibility" for the vulnerability of
		0.600000	0.145462	0.599631	0.145372					"Software Capacity" from 40.00% to 40.04% for an improvement of 0.04%.
	0.530769	0.460000		0.814331		0.364331	$99.90			Increase the CM capacity for threat "Lack of User Friendly Software" for the vulnerability
		0.550000	0.160827	0.186669	0.050916					"Software Capacity" from 45.00% to 81.43% for an improvement of 36.43%.
0.483333	0.373377	0.400000			0.400000					
		0.600000	0.108279	0.600000	0.108279					
	0.324675	0.450000		0.450000						
		0.550000	0.086310	0.550000	0.086310					
	0.301948	0.360000		0.360000						
		0.650000	0.094862	0.650000	0.094862					

Total Change	Total Cost	Break Even Cost	Total Final Cost
36.47%	$100.00	$2.74	

Criticality	1.00	Total Risk	0.585739	Total Risk	0.485739
Capital Cost	$1,000.00	Percentage	58.573922	Percentage	48.573900
Total Threat Costs	N/A	Final Risk	0.585739	Final Risk	0.485739
		ECL	$585.74	ECL	$485.74
				ECL Delta	$100.00

Change Cost

Show where you are in Security Meter

Optimize

Change Unit Cost
Calculate Final Cost
Print Summary
Print Results Table
View Threat Advice
Print Single Threat/CM Selection
Print Advice Threat/CM Selections
Print All Threat/CM Selections
Update Survey Questions

2 Vulnerabilities

RESPONDENT-29:

Criticality   1.0
Equipment cost   1000.0
Production cost   0.0

Repair cost to mitigate = $504.04

VB	vb	Threat	threat	LCM	Risk	Post %	Post vb	~
Server Capacity and Scalability	0.333333	Lack of Sufficient Hardware	1.433036	0.550000	0.079390	0.16		
		Lack of Existing Hardware Scalability	1.566964	0.500000	0.094494	0.19	0.344978	!
Physical Infrastructure	0.357143	Power Outages	1.306818	0.450000	0.049310	0.10		
		Unreliable Network Connections	1.238636	0.500000	0.042614	0.08		
		Inadequate Repair Crews	1.454545	0.600000	0.097403	0.19	0.375615	!
Data and Disaster Recovery	0.309524	Lack of a Contingency Plan	1.450000	0.400000	0.055714	0.11		
		Recovery Time	1.550000	0.500000	0.085119	0.17	0.279407	

Criticality   1.00
Capital Cost $1,000.00
Total Threat Costs   n/a
Res.Risk * Criticality   0.504044
Total Res.Risk   0.504044
Expected Cost of Loss $504.04
Cust. Guess Res.Risk   0.00

[Optimize]

3 Vulnerabilities

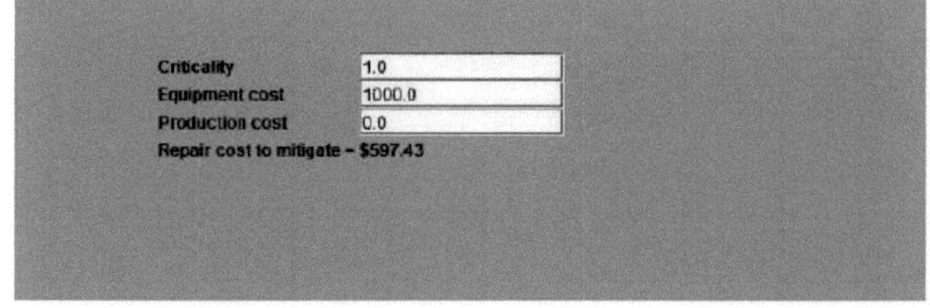

Vulnerab.	Threat	CM & LCM	Res. Risk	CM & LCM	Res. Risk	Change	Opt Cost	Unit Cost	Final Cost	Advice
0.333333	0.433036	0.450000		0.450000						
		0.550000	0.079390	0.550000	0.079390					
	0.566964	0.500000		0.999459		0.499459	$93.81			Increase the CM capacity for threat "Lack of Existing Hardware Scalability" for the vulnerabil
		0.500000	0.094494	0.000541	0.000102					"Server Capacity and Scalability" from 50.00% to 99.95% for an improvement of 49.95%
0.357143	0.306818	0.550000		0.550000						
		0.450000	0.045310	0.450000	0.045310					
	0.238636	0.500000		0.500000						
		0.500000	0.042614	0.500000	0.042614					
	0.454545	0.400000		0.400000						
		0.600000	0.097403	0.600000	0.097403					
0.309524	0.450000	0.600000		0.600000						
		0.400000	0.065714	0.400000	0.065714					
	0.550000	0.500000		0.532941		0.032941	$6.19			Increase the CM capacity for threat "Recovery Time" for the vulnerability of
		0.500000	0.085119	0.467059	0.079511					"Data and Disaster Recovery" from 50.00% to 53.29% for an improvement of 3.29%
						Total Change	Total Cost	Break Even Cost	Total Final Cost	
						53.24%	$100.00	$1.88		

Criticality	1.00	Total Risk	0.504044
Capital Cost	$1,000.00	Percentage	50.404356
Total Threat Costs	N/A	Final Risk	0.504044
		ECL	$504.04

Total Risk	0.404044
Percentage	40.404356
Final Risk	0.404044
ECL	$404.04
ECL Delta	$100.00

Change Cost

Show where you are in Security Meter

Optimize

Change Unit Cost
Calculate Final Cost
Print Summary
Print Results Table
View Threat Advice
Print Single Threat/CM Selection
Print Advice Threat/CM Selections
Print All Threat/CM Selections
Update Survey Questions

3 Vulnerabilities

RESPONDENT-30:

Criticality	1.0
Equipment cost	1000.0
Production cost	0.0

Repair cost to mitigate – $597.43

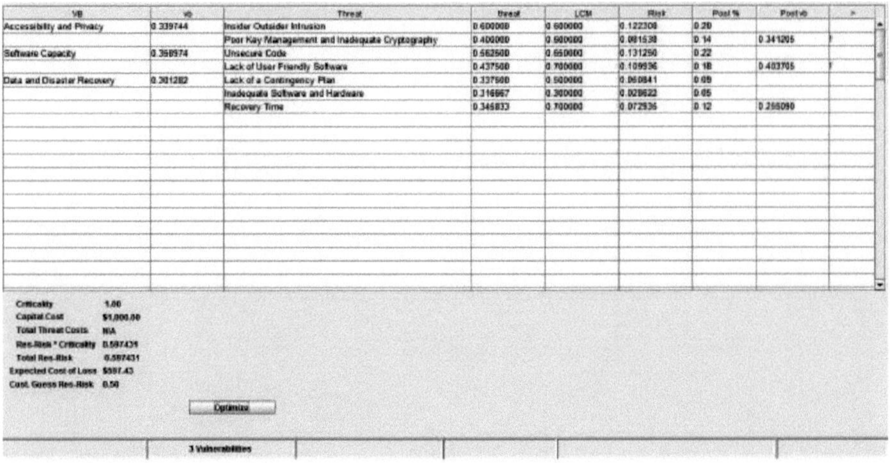

VB	vb	Threat	threat	LCM	Risk	Post %	Post vb	>
Accessibility and Privacy	0.339744	Insider Outsider Intrusion	0.600000	0.600000	0.122308	0.20		
		Poor Key Management and Inadequate Cryptography	0.400000	0.500000	0.081538	0.14	0.341205	?
Software Capacity	0.358974	Unsecure Code	0.562500	0.650000	0.131250	0.22		
		Lack of User Friendly Software	0.437500	0.700000	0.109936	0.18	0.403705	?
Data and Disaster Recovery	0.301282	Lack of a Contingency Plan	0.337500	0.500000	0.060841	0.09		
		Inadequate Software and Hardware	0.316667	0.300000	0.028622	0.05		
		Recovery Time	0.345833	0.700000	0.072936	0.12	0.266090	

Criticality   1.00
Capital Cost $1,000.00
Total Threat Costs   N/A
Res-Risk * Criticality   0.597431
Total Res-Risk   0.597431
Expected Cost of Loss $597.43
Cost. Guess Res-Risk   0.50

[Optimize]

3 Vulnerabilities

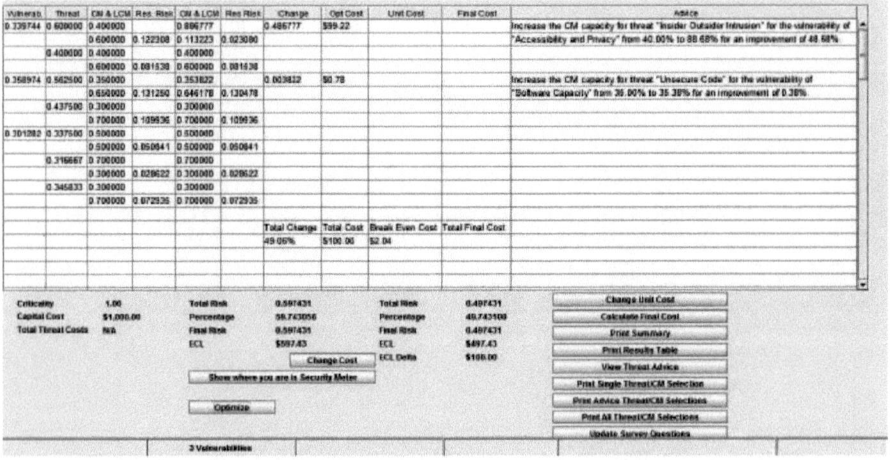

Vulnerab.	Threat	CM & LCM	Res. Risk	CM & LCM	Res Risk	Change	Opt Cost	Unit Cost	Final Cost	Advice
0.339744	0.600000	0.400000		0.896777		0.486777	$99.22			Increase the CM capacity for threat "Insider Outsider Intrusion" for the vulnerability of
		0.600000	0.122308	0.113223	0.023080					"Accessibility and Privacy" from 40.00% to 88.68% for an improvement of 48.68%.
	0.400000	0.400000		0.400000						
		0.600000	0.081538	0.600000	0.081538					
0.358974	0.562500	0.350000		0.353822		0.003822	$0.78			Increase the CM capacity for threat "Unsecure Code" for the vulnerability of
		0.650000	0.131250	0.646178	0.130478					"Software Capacity" from 35.00% to 35.38% for an improvement of 0.38%.
	0.437500	0.300000		0.300000						
		0.700000	0.109936	0.700000	0.109936					
0.301282	0.337500	0.500000		0.500000						
		0.500000	0.060841	0.500000	0.060841					
	0.316667	0.700000		0.700000						
		0.300000	0.028622	0.300000	0.028622					
	0.345833	0.300000		0.300000						
		0.700000	0.072936	0.700000	0.072936					
						Total Change	Total Cost	Break Even Cost	Total Final Cost	
						49.06%	$100.00	$2.04		

Criticality   1.00   Total Risk 0.597431   Total Risk 0.497431
Capital Cost $1,000.00   Percentage 59.743056   Percentage 49.743100
Total Threat Costs   N/A   Final Risk 0.597431   Final Risk 0.497431
ECL $597.43   ECL $497.43
[Change Cost]   ECL Delta $100.00

[Change Unit Cost]
[Calculate Final Cost]
[Print Summary]
[Print Results Table]
[View Threat Advice]
[Print Single Threat/CM Selection]
[Print Advice Threat/CM Selections]
[Print All Threat/CM Selections]
[Update Survey Questions]

[Show where you are in Security Meter]
[Optimize]

3 Vulnerabilities

RESPONDENT-31:

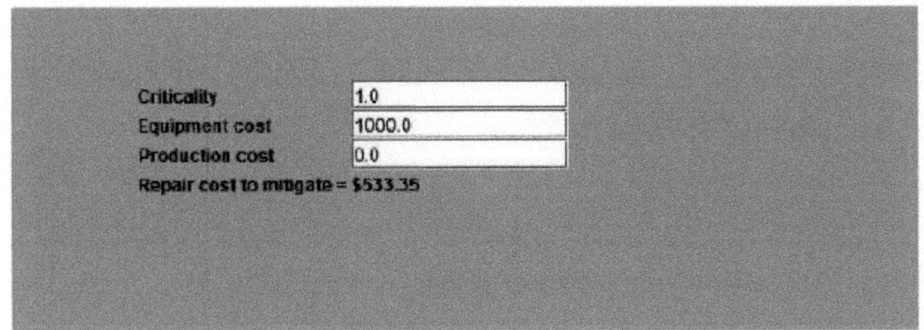

VB	v8	Threat	threat	LCM	Risk	Post%	Postv0	»
Internet Protocols	0.466667	Web Applications and Services	0.518750	0.550000	0.133146	0.25		
		Virtualization	0.481250	0.600000	0.134750	0.25	0.502289	
Managerial Quality	0.533333	Lack of Quality Crisis Response Personnel	0.477273	0.550000	0.140000	0.26		
		Insufficient Load Demand Management	0.522727	0.450000	0.125466	0.24	0.497711	

Criticality   1.00
Capital Cost $1,000.00
Total Threat Costs   N/A
Res-Risk * Criticality   0.533350
Total Res-Risk   0.533350
Expected Cost of Loss $533.35
Cust. Guess Res-Risk   0.50

[Optimize]

2 Vulnerabilities

Vulnerab	Threat	CM & LCM	Res. Risk	CM & LCM	Res Risk	Change	Opt Cost	Unit Cost	Final Cost	Advice
0.466667	0.518750	0.450000		0.450000						
		0.550000	0.133146	0.550000	0.133146					
	0.481250	0.400000		0.400000						
		0.600000	0.134750	0.600000	0.134750					
0.533333	0.477273	0.450000		0.450034						
		0.550000	0.140000	0.549966	0.139991					
	0.522727	0.550000		0.868666		0.358666	$39.99			Increase the CM capacity for threat "Insufficient Load Demand Management" for the vulnerab
		0.450000	0.125466	0.091234	0.025463					"Managerial Quality" from 55.00% to 90.87% for an improvement of 35.87%.
						Total Change	Total Cost	Break Even C...	Total Final C...	
						35.87%	$100.00	$2.79		

Criticality   1.00   Total Risk   0.533350   Total Risk   0.433350
Capital Cost $1,000.00   Percentage   53.335038   Percentage   43.335001
Total Threat Costs   N/A   Final Risk   0.533350   Final Risk   0.433350
                                   ECL $533.35   ECL $433.35
                                                   [Change Cost]   ECL Delta $100.00

[Show where you are in Security Meter]

[Optimize]

[Change Unit Cost]
[Calculate Final Cost]
[Print Summary]
[Print Results Table]
[View Threat Advice]
[Print Single Threat/CM Selection]
[Print Advice Threat/CM Selections]
[Print All Threat/CM Selections]
[Update Survey Questions]

2 Vulnerabilities

APPENDIX C: INQUÉRITO SOBRE RISCOS NA NUVEM (FORMATO XML)

<?xml version="1.0" encoding="ISO-8859-1"?>

-<inquérito>

-<vulnerabilidade title="Acessibilidade e privacidade" level="0">

<vQuestion> Os controlos baseados na rede não são suficientes para garantir a privacidade?

</vQuestion>

<vQuestion> O serviço de nuvem foi violado por intrusos? </vQuestion>

<vQuestion> A gestão de chaves é aleatória? </vQuestion>

<vQuestion> A nuvem frequentemente não está disponível? </vQuestion>

-<threat title="Insufficient Network based Controls">

<tQuestion> O seu fornecedor não consegue separar os seus dados dos de outros?

</tQuestion>

<tQuestion> Não é necessário autenticar a sua identidade? </tQuestion>

<tPergunta> Não são permitidas palavras-passe simples? </tPergunta>

<tQuestion> É permitido que os utilizadores nunca tenham de alterar a sua palavra-passe?

</tQuestion>

<tQuestion> A sua ligação não é https ou VPN? </tQuestion>

<cPergunta> O seu fornecedor dispunha de sistemas para evitar fugas de dados ou o acesso de terceiros? </cPergunta>

<cQuestion> O seu fornecedor dispunha de um sistema de gestão de identidades sólido?

</cQuestion>

<cQuestion> O seu fornecedor exigiu que os utilizadores tivessem palavras-passe complexas?

</cQuestion>

<cPergunta> O seu fornecedor exigia que alterasse as palavras-passe regularmente?

</cQuestion>

<cQuestion> O seu fornecedor ofereceu uma ligação segura e encriptada?

</ameaça>

+<threat title="Intrusão de um inspetor externo">

-<threat title="Má gestão das chaves e criptografia inadequada">

<tQuestion> O provedor usa a criptografia do Windows LM Hash?

</tQuestion>

<tQuestion> Os algoritmos de encriptação do seu fornecedor são conhecidos por outros?

</tQuestion>

<tQuestion> Armazena a chave de encriptação no seu disco rígido? </tQuestion>

<tQuestion> Utiliza a chave pública de outra pessoa para identificar o sítio?

</tQuestion>

<tQuestion> Escreve-se a chave de acesso num local não seguro? </tQuestion>

<cQuestion> O seu fornecedor utiliza encriptação de 128 bits ou superior? </cQuestion>

<cPergunta> O seu fornecedor utilizou funções de encriptação forte? </cPergunta>

<cPergunta> Você remove o disco rígido do computador e o armazena em um local seguro quando não está em uso? </cPergunta>

<cQuestion> Utilizou apenas chaves públicas que recebeu diretamente do fornecedor? </cQuestion>

<cQuestion> Guardou a chave mestra num local seguro, como um cofre? </cQuestion>

</ameaça>

-<threat title="Falta de disponibilidade">

<tQuestion> O serviço está a ser interrompido? </tQuestion>

<tQuestion> O serviço não está a carregar rapidamente? </tQuestion>

<tQuestion> As alterações de dados não são propagadas rapidamente? </tQuestion>

<tQuestion> O serviço não é restabelecido em minutos? </tQuestion>

<tQuestion> Os dados são perdidos pelo fornecedor? </tQuestion>

<cPergunta> O fornecedor garantiu um serviço 24 horas por dia, 7 dias por semana? </cPergunta>

<cPergunta> O fornecedor tinha um serviço escalável? </cPergunta>

<cPergunta> O fornecedor tinha largura de banda suficiente? </cPergunta>

<cPergunta> O fornecedor dispunha de uma redundância robusta de hardware e software?

</cQuestion>

<cPergunta> O fornecedor tinha capacidade para recuperar dados perdidos? </cPergunta>

</ameaça>

</vulnerabilidade>

-<vulnerabilidade title="Capacidade do software" level="0">

<vQuestion> O software de computação em nuvem é incompatível com o seu

sistema? </vQuestion>

<vQuestion> O código da aplicação não é seguro? </vQuestion>

<vQuestion> O software da aplicação não é fácil de utilizar? </vQuestion>

<vQuestion>As aplicações na nuvem não estão à altura da sua tarefa?

-<threat title="Incompatibilidade de software">

<tQuestion> É difícil mudar de fornecedor devido ao facto de o fornecedor ser proprietário de

tecnologia? </tQuestion>

<tQuestion> O seu sistema é por vezes incompatível com o sistema do seu fornecedor

tecnologia? </tQuestion>

<tQuestion> O seu fornecedor não cumpre as normas de fonte aberta? </tQuestion>

<tQuestion> Não sabe que tecnologia o seu fornecedor utiliza? </tQuestion>

<tPergunta> Recebe mensagens de erro indecifráveis? </tPergunta>

<cPergunta> Selecionou um fornecedor que utiliza normas abertas? </cPergunta>

<cPergunta> Pesquisou a tecnologia utilizada pelo seu fornecedor? </cPergunta>

<cPergunta> Os fornecedores foram escolhidos com base na compatibilidade? </cPergunta>

<cPergunta> Pesquisou a tecnologia utilizada pelo seu fornecedor? </cPergunta>

<cPergunta> Os potenciais fornecedores forneceram guias de compatibilidade? </cPergunta>

</ameaça>

-<threat title="Código inseguro">

<tQuestion> O serviço está sujeito à injeção de scripts do lado do cliente em páginas Web?

visto por outros utilizadores? </tQuestion>

<tQuestion> O serviço está sujeito a excessos de memória intermédia ou a matrizes que substituem dados?

</tQuestion>

<tQuestion> Recebe mensagens de erro incompreensíveis? </tQuestion>

<tQuestion> A aplicação está sujeita a manipulação da base de dados? </tQuestion>

<tQuestion> Os formatos de dados dos fornecedores não são normalizados? </tQuestion>

<cQuestion> O fornecedor utilizou bibliotecas anti-cross site scripting (XSS)?

</cQuestion>

<cPergunta> O provedor minimizou o uso de funções inseguras de string e buffer? </cPergunta>

<cPergunta> O fornecedor validou a entrada e a saída? </cPergunta>

<cQuestion> O provedor evitou a concatenação de strings para instruções SQL dinâmicas?

<cPergunta> O fornecedor utilizou formatos de dados normalizados? </cPergunta>

</ameaça>

-<threat title="Falta de software de fácil utilização">

<tQuestion> A sequência através de uma tarefa não é óbvia? </tQuestion>

<tQuestion> Os comandos da interface do sistema são difíceis de encontrar e utilizar?

</tQuestion>

<tQuestion> A interface do sistema não oferece mais de uma maneira de realizar uma tarefa? </tQuestion>

<tQuestion> As tarefas demoram muito tempo a realizar? </tQuestion>

<tQuestion> As intenções do criador da aplicação não correspondem às do utilizador? </tQuestion>

<cPergunta> O fornecedor dispunha de um software que seguia uma abordagem clara e lógica

sequência? </cQuestion>

<cPergunta> Os comandos da interface do sistema estavam claramente definidos e bem concebidos?

</cQuestion>

<cPergunta> A interface do sistema ofereceu vários meios para realizar uma tarefa?

</cQuestion>

<cPergunta> A interface do sistema foi optimizada para exigir um número relativamente pequeno de passos para realizar as tarefas? </cPergunta>

<cQuestion> O sistema apoia sempre o plano de ação escolhido pelo utilizador?

</cQuestion>

</ameaça>

-<ameaça title="Aplicações em nuvem inadequadas">

<tQuestion> A aplicação na nuvem tem menos funcionalidades do que uma aplicação baseada num computador?

</tQuestion>

<tQuestion> Os comandos da interface de aplicação são difíceis de perceber?

</tQuestion>

<tQuestion> A aplicação em nuvem congela ou falha? </tQuestion>

<tQuestion> As aplicações demoram muito tempo a guardar ou a atualizar? </tQuestion>

<tQuestion> É necessário descarregar patches e actualizações? </tQuestion>

<cQuestion> Pesquisou a funcionalidade das aplicações na nuvem? </cQuestion>

<cQuestion> Os comandos da interface de aplicação eram lógicos e óbvios? </cQuestion>

<cQuestion> A aplicação na nuvem recuperou automaticamente? </cQuestion>

<cPergunta> O fornecedor tem servidores e largura de banda suficientes? </cQuestion>

<cQuestion> A aplicação na nuvem tem uma atualização centralizada? </cQuestion>

</ameaça>

</vulnerabilidade>

-<vulnerabilidade title="Protocolos Internet" level="0">

<vQuestion> As suas aplicações Web não são seguras? </vQuestion>

<vQuestion> Preocupa-se com a segurança? </vQuestion>

<vQuestion> O seu fornecedor utiliza a virtualização? </vQuestion>

<vQuestion> A criptografia utilizada não é adequada? </vQuestion>

-<threat title="Aplicações e serviços Web">

<tQuestion> Ao nível da IaaS (Infraestrutura como um Serviço), a comunicação é

entre computadores anfitriões não é seguro? </tQuestion>

<tQuestion> Ao nível da PaaS (Plataforma como Serviço), o fornecedor faz

disposições para vários utilizadores? </tQuestion>

<tQuestion> Ao nível do SaaS (Software as a Service), não analisou a

documentação do fornecedor sobre separação de dados? </tQuestion>

<tQuestion> Não sabe qual é a norma de computação em nuvem utilizada pelo seu fornecedor?

</tQuestion>

<tQuestion> As aplicações do seu fornecedor não têm portabilidade? </tQuestion>

<cPergunta> O fornecedor protegeu a comunicação entre os computadores anfitriões com encriptação ao nível do canal? </cPergunta>

<cPergunta> O modelo de ameaça do fornecedor para os riscos multiutilizadores? </cPergunta>

<cQuestion> O fornecedor separou de forma segura os seus dados dos de outras pessoas?

</cQuestion>

<cPergunta> O fornecedor adoptou normas que permitem a interoperabilidade?

</cQuestion>

<cQuestion> As suas aplicações na nuvem funcionam em diferentes plataformas?

</cQuestion>

</ameaça>

-<threat title="Falta de segurança e privacidade">

<tQuestion> O provedor não implementa o tratamento de sessão? </tQuestion>

<tQuestion> Utiliza computadores públicos para aceder a aplicações na nuvem?

</tQuestion>

<tQuestion> Confia na eliminação do histórico da Internet para remover os dados armazenados em cache?

</tQuestion>

<tQuestion> O seu fornecedor utiliza formulários para aceitar dados dos utilizadores num pedido http? </tQuestion>

<tQuestion> O seu fornecedor aceita ficheiros de utilizadores sem validação?

</tQuestion>

<cPergunta> As aplicações Web do fornecedor forneceram alguma ideia do estado da sessão?

<cQuestion> Utilizou VPN ou https para aceder às suas aplicações na nuvem?

</cQuestion>

<cQuestion> Existe algum software que possa eliminar ficheiros de dados em cache? </cQuestion>

<cQuestion> O fornecedor validou os dados recebidos de um pedido http antes de os utilizar numa aplicação?

<cQuestion> O seu fornecedor validou a fonte antes de carregar os dados?

</cQuestion>

</ameaça>

-<threat title="Virtualização">

<tQuestion> A virtualização do seu provedor usa configurações padrão para inspeção de pacotes? </tQuestion>

<tQuestion> É provável a fuga para o hipervisor de nível superior no caso de uma violação da plataforma de virtualização? </tQuestion>

<tQuestion> O seu fornecedor utiliza o hipervisor Virtual PC da Microsoft?

</tQuestion>

<tQuestion> O seu fornecedor não analisa o sistema de cliente correto?

</tQuestion>

<tQuestion> O seu fornecedor não monitoriza as suas máquinas virtuais?
</tQuestion>

<cQuestion> Os dispositivos de virtualização do provedor inspecionaram todos os pacotes?

</cQuestion>

<cPergunta> O provedor estendeu seu processo de gerenciamento de vulnerabilidade e configuração para a plataforma de virtualização?

<cQuestion> O fornecedor corrigiu a vulnerabilidade ou mudou para outra plataforma? </cQuestion>

<cQuestion> O provedor leu as informações atuais do ativo ou da implantação da nuvem e, em seguida, atualizou dinamicamente as informações do endereço IP antes do início das verificações? </cQuestion>

<cPergunta> O provedor utilizou a aplicação baseada no controle de acesso à rede para monitoramento contínuo da população de máquinas virtuais e prevenção de expansão de máquinas virtuais?

</ameaça>

-<ameaça title="Criptografia inadequada">

<tQuestion> O fornecedor utiliza um algoritmo inadequado, por exemplo, uma função de hash para encriptação?

<tQuestion> O fornecedor tem erros de implementação de encriptação?

</tQuestion>

<tQuestion> O esquema de chaves do fornecedor é fraco? </tQuestion>

<tQuestion> O fornecedor utiliza algoritmos inseguros como o DES (Data Encryption Standard) ou o MD5 (Message Digest Algorithm)? </tQuestion>

<tQuestion> O fornecedor não consegue atualizar as chaves? </tQuestion>

<cPergunta> O fornecedor utilizou um algoritmo de encriptação adequado?

</cQuestion>

<cPergunta> O prestador de serviços utilizou criptografia padrão

implementações/bibliotecas? </cQuestion>

<cPergunta> As chaves fornecidas eram longas e suficientemente aleatórias? </cPergunta>

<cPergunta> O fornecedor selecionou um algoritmo de encriptação robusto, como o PGP?

</cQuestion>

<cPergunta> As chaves eram actualizadas regularmente? </cPergunta>

</ameaça>

</vulnerabilidade>

-<vulnerabilidade title="Capacidade e escalabilidade do servidor" level="0">

<vQuestion> O seu fornecedor não dispõe de hardware suficiente? </vQuestion>

<vQuestion> O seu fornecedor não tem escalabilidade de hardware? </vQuestion>

<vQuestion> A capacidade do parque de servidores é por vezes ultrapassada pela procura dos clientes? </vQuestion>

<vQuestion> Os servidores do fornecedor não estão corretamente configurados? </vQuestion>

-<threat title="Falta de hardware suficiente">

<tQuestion> O seu serviço de computação em nuvem não responde rapidamente? </tQuestion>

<tQuestion> O tempo de carregamento/descarregamento não é rápido? </tQuestion>

<tQuestion> O tempo de inatividade dos serviços em nuvem não é invulgar? </tQuestion>

<tQuestion> O seu serviço de nuvem retorna erros? </tQuestion>

<tQuestion> O seu serviço de nuvem perdeu dados? </tQuestion>

<cPergunta> O fornecedor tinha servidores suficientes? </cPergunta>

<cPergunta> O fornecedor tinha largura de banda suficiente? </cPergunta>

<cPergunta> O fornecedor tinha redundância suficiente? </cPergunta>

<cPergunta> O fornecedor tinha routers e switches suficientes? </cPergunta>

<cQuestion> O fornecedor tinha capacidade de armazenamento para efetuar cópias de segurança frequentes?

</cQuestion>

</ameaça>

-<threat title="Falta de escalabilidade do hardware existente">

<tQuestion> Não sabe até que ponto o seu serviço de nuvem é escalável?

</tQuestion>

<tQuestion> A sua escalabilidade vertical exige cada vez mais computação recursos? </tQuestion>

<tQuestion> Queixa-se da indisponibilidade do serviço em alturas de grande procura? </tQuestion>

<tQuestion> Os custos dos seus serviços aumentam geometricamente com uma procura elevada?

</tQuestion>

<tQuestion> As aplicações não utilizam scripts do lado da rede? </tQuestion>

<tQuestion> O seu hardware não está a cumprir as especificações exigidas?

</tQuestion>

<cQuestion> O fornecedor testou a escalabilidade? </cQuestion>

<cPergunta> O provedor utilizou balanceamento de carga? </cPergunta>

<cPergunta> O fornecedor garantiu uma escalabilidade rápida? </cPergunta>

<cQuestion> Os encargos de escalabilidade do fornecedor aumentaram numa

progressão aritmética razoável? </cQuestion>

<cQuestion> As aplicações são escritas tendo em conta a escalabilidade vertical? </cQuestion>

</ameaça>

-<threat title="Incapacidade do parque de servidores para satisfazer a procura dos clientes">

<tQuestion> O seu fornecedor não possui uma capacidade de ativação pós-falha? </tQuestion>

<tQuestion> O seu fornecedor tem sido sobrecarregado pela procura? </tQuestion>

<tQuestion> Seu provedor foi sobrecarregado por ataques de DoS (negação de serviço)? </tQuestion>

<tQuestion> O seu fornecedor é uma empresa em fase de arranque? </tQuestion>

<tQuestion> O seu fornecedor cobra mais pelo armazenamento em vários

zonas de disponibilidade? </tQuestion>

<cQuestion> O seu fornecedor pode mudar automaticamente para servidores redundantes?

</cQuestion>

<cQuestion> O fornecedor atribuiu servidores suficientes para escalar conforme anunciado?

</cQuestion>

<cPergunta> O fornecedor utilizou routers seguros? </cPergunta>

<cPergunta> O seu prestador de serviços dispunha de recursos financeiros para financiar adequadamente

as suas quintas de servidores? </cQuestion>

<cQuestion> Selecionou um fornecedor que oferece armazenamento em várias

zonas de disponibilidade? </cQuestion>

</ameaça>

-<threat title="Configuração incorrecta">

<tQuestion> Os servidores não são actualizados? </tQuestion>

<tQuestion> As portas de rede estão desprotegidas? </tQuestion>

<tQuestion> As contas de serviço dos SQL Servers costumam ter mais acesso a

a plataforma ou a rede do que é necessário? </tQuestion>

<tQuestion> As caraterísticas e capacidades dos servidores SQL estão expostas
quando não são necessárias? </tQuestion>

<tQuestion> São armazenados procedimentos alargados que permitem o acesso
ao sistema operativo ou ao registo? </tQuestion>

<cPergunta> Os servidores foram actualizados à medida que os patches e as
actualizações ficaram disponíveis?

</cQuestion>

<cPergunta> O fornecedor utilizou firewalls para os seus servidores?
</cPergunta>

<cQuestion> As contas de serviço para servidores SQL foram configuradas sob o
princípio de

menor privilégio? </cQuestion>

<cQuestion> O provedor usou o gerenciador de configuração do servidor SQL
para

caraterísticas de controlo e outros componentes? </cQuestion>

<cPergunta> O fornecedor não activou procedimentos armazenados que
permitam o acesso ao sistema operativo ou ao registo? </cPergunta>

</ameaça>

</vulnerabilidade>

-<vulnerabilidade title="Infraestrutura física" level="0">

<vQuestion> Os farms de servidores estão sujeitos a quedas de energia? </vQuestion>

<vQuestão> As ligações perdem-se por vezes? </vQuestão>

<vQuestion> O parque de servidores está degradado? </vQuestion>

<vQuestion> As equipas de reparação são ad hoc? </vQuestion>

-<threat title="Power Outages">

<tQuestion> O fornecedor não dispõe de uma fonte de energia fiável nas proximidades?

</tQuestion>

<tQuestion> O fornecedor tem por vezes falhas de energia? </tQuestion>

<tQuestion> As instalações dos prestadores de serviços têm um clima não controlado? </tQuestion>

<tQuestion> As instalações de energia e de apoio estão relativamente abertas? </tQuestion>

<tQuestion> Passam horas até que a eletricidade seja restabelecida? </tQuestion>

<cPergunta> O provedor localizou seu parque de servidores perto de uma fonte de energia, como uma barragem ou linhas de alta tensão?

<cPergunta> O fornecedor dispunha de uma fonte de alimentação ininterrupta (UPS) de reserva, como geradores a gasóleo, para as suas instalações? </cPergunta>

<cPergunta> As instalações dos fornecedores dispunham todas de controlos ambientais rigorosos?

</cQuestion>

<cPergunta> As áreas críticas para a produção de energia e o apoio foram protegidas de

entrada não autorizada? </cQuestion>

<cPergunta> As equipas de reparação estavam de prevenção 24 horas por dia, 7 dias por semana, em caso de falha de energia?

</cQuestion>

</ameaça>

-<threat title="Unreliable Network Connections">

<tPergunta> Os downloads/uploads são descartados? </tPergunta>

<tQuestion> As aplicações são realmente lentas a atualizar? </tQuestion>

<tQuestion> As ligações à nuvem demoram muito tempo a ser estabelecidas? </tQuestion>

<tQuestion> O fornecedor não examinou o tamanho da unidade máxima de transmissão (MTU) da ligação local, bem como todo o caminho projetado para o destino?

</tQuestion>

<tQuestion> Recebe mensagens de erro relacionadas com a rede? </tQuestion>

<cPergunta> O provedor de nuvem utilizou um ISP de qualidade? </cPergunta>

<cPergunta> O fornecedor de serviços de computação em nuvem tinha largura de banda suficiente, mesmo em horários de pico de demanda?

<cPergunta> O fornecedor tinha routers suficientes? </cPergunta>

<cQuestion> O seu fornecedor de serviços na nuvem não utiliza o IPv6 (Protocolo Internet versão 6)? </cQuestion>

<cPergunta> O fornecedor abordou as condições de erro, tais como corrupção de dados, perda e duplicação de pacotes, bem como entrega de pacotes fora de ordem?

</cQuestion>

</ameaça>

-<threat title="Instalações inadequadas">

<tQuestion> O parque de servidores parece degradado? </tQuestion>

<tPergunta> O hardware parece ter mais de dois anos? </tPergunta>

<tPergunta> O estabelecimento está aberto à entrada de qualquer pessoa? </tPergunta>

<tPergunta> A instalação dispõe de uma reserva adequada? </tPergunta>

<tPergunta> A instalação não dispõe de controlos ambientais? </tPergunta>

<cPergunta> O fornecedor de serviços de computação em nuvem estava totalmente capitalizado? </cPergunta>

<cPergunta> O fornecedor investiu no hardware mais recente? </cPergunta>

<cPergunta> O fornecedor investiu na segurança das instalações? </cPergunta>

<cPergunta> O fornecedor investiu em energia adequada e numa cópia de segurança dos dados?

</cQuestion>

<cPergunta> O prestador de serviços dispunha de instalações cuja temperatura não variava?

</cQuestion>

</ameaça>

-<threat title="Equipas de reparação inadequadas">

<tQuestion> As falhas de serviço demoram muito tempo a reparar? </tQuestion>

<tPergunta> As equipas de reparação demoram muito tempo a responder? </tPergunta>

<tPergunta> O fornecedor não examinou as equipas de reparação? </tPergunta>

<tPergunta> As equipas de reparação são constituídas numa base ad hoc? </tPergunta>

<tQuestion> Dependendo da situação, as equipas de reparação podem ser rapidamente aumentadas?

</tQuestion>

<cQuestion> O fornecedor de serviços de computação em nuvem tinha equipas de reparação em cada instalação?

</cQuestion>

<cPergunta> As equipas de reparação estavam disponíveis 24 horas por dia, 7 dias por semana? </cPergunta>

<cPergunta> As equipas de reparação foram sujeitas a um inquérito pessoal? </cPergunta>

<cPergunta> As equipas de reparação receberam formação adequada? </cPergunta>

<cPergunta> O prestador de serviços tinha a capacidade de trazer equipas adicionais rapidamente, conforme necessário? </cPergunta>

</ameaça>

</vulnerabilidade> -<vulnerabilidade title="Dados e recuperação de desastres" level="0">

<vQuestão> O prestador não dispunha de um plano de emergência? </vQuestão>

<vPergunta> O fornecedor não tinha vários sítios? </vPergunta>

<vQuestion> O fornecedor dispunha de software e hardware inadequados?

</vQuestion>

<vQuestion> A recuperação demora dias? </vQuestion>

-<ameaça title="Falta de um plano de emergência">

<tQuestion> Em caso de catástrofe numa instalação, sabe como é que o seu fornecedor

responderia? </tQuestion>

<tQuestion> O fornecedor não ensaia a recuperação de dados e de catástrofes? </tQuestion>

<tPergunta> O prestador de serviços tem o mesmo plano de emergência que no início? </tQuestion>

<tQuestion> Em caso de catástrofe numa instalação, o pessoal sabe o que fazer? </tQuestion>

<tQuestion> Os serviços críticos são restaurados ao mesmo tempo que outros? </tQuestion>

<cQuestion> O fornecedor de serviços de computação em nuvem tem um plano bem planeado de gestão de dados e de desastres

plano de contingência de recuperação? </cQuestion>

<cPergunta> O fornecedor ensaiou o seu plano de recuperação de dados e de catástrofes várias vezes por ano? </cPergunta>

<cPergunta> O prestador manteve o seu plano atualizado? </cPergunta>

<cPergunta> O pessoal estava bem preparado para a recuperação de dados e de catástrofes?

</cQuestion>

<cPergunta> O provedor priorizou a restauração dos serviços mais críticos primeiro? </cPergunta>

</ameaça>

-<threat title="Falta de sítios múltiplos">

<tQuestion> As cópias de segurança são mantidas no mesmo local? </tQuestion>

<tPergunta> Os sítios de salvaguarda eram meras instalações de armazenamento? </tPergunta>

<tQuestion> O tempo de restauro é diferente consoante o sítio? </tQuestion>

<tQuestion> Os sítios não disponíveis são visíveis para os clientes? </tQuestion>

<tQuestion> A cópia de segurança e o arquivo demoram semanas devido a várias instalações?

</tQuestion>

<cPergunta> As cópias de segurança foram mantidas em locais completamente diferentes? </cPergunta>

<cPergunta> Os sítios de salvaguarda estavam totalmente funcionais? </cPergunta>

<cPergunta> O tempo de restauração foi o mesmo ou semelhante, independentemente do site de backup do qual você estava restaurando? </cPergunta>

<cPergunta> O provedor usou o balanceamento de carga para que os sites indisponíveis não ficassem visíveis para os clientes? </cPergunta>

<cQuestion> O conteúdo foi copiado à medida que foi arquivado? </cQuestion>

</ameaça>-<ameaça title="Software e hardware inadequados">

<tQuestion> O fornecedor expande o armazenamento numa base ad hoc? </tQuestion>

<tPergunta> O prestador de serviços necessita de dias para a recuperação? </tPergunta>

<tQuestion> Os dados são perdidos apesar dos esforços de recuperação? </tQuestion>

<tPergunta> Os esforços de recuperação encontram por vezes resultados inesperados?

</tQuestion>

<tPergunta> O fornecedor tem de trazer hardware e software para recuperação? </tQuestion>

<cPergunta> O provedor tinha a capacidade de escalonar rapidamente a capacidade de armazenamento conforme necessário? </cPergunta>

<cPergunta> O prestador de serviços dispunha de um esforço de recuperação com todos os recursos?

</cQuestion>

<cPergunta> O fornecedor dispunha do software de recuperação mais recente e totalmente funcional?

</cQuestion>

<cPergunta> O fornecedor testou periodicamente o hardware e o software de recuperação?

</cQuestion>

<cPergunta> Todas as instalações dos fornecedores dispunham de hardware e software de recuperação?

</cQuestion>

</ameaça>

-<threat title="Tempo de recuperação">

<tQuestion> O fornecedor tenta pôr tudo a funcionar ao mesmo tempo?

</tQuestion>

<tQuestion> Em caso de inatividade da nuvem, é possível obter um reembolso?

</tQuestion>

<tPergunta> O prestador de serviços deu a conhecer o prazo previsto para o restabelecimento de determinados serviços? </tPergunta>

<tPergunta> No caso de recuperação de várias instalações, o provedor levou em conta as despesas gerais associadas à restauração paralela? </tPergunta>

<tQuestion> O prestador de serviços parecia não saber quando é que os serviços poderiam ser restabelecidos?

</tQuestion>

<tQuestion> O restauro demora mais tempo em caso de inatividade da nuvem?

</tQuestion>

<cPergunta> O prestador seguiu um cronograma de recuperação, priorizando os serviços mais importantes? </cPergunta>

<cPergunta> O prestador de serviços rateou os seus encargos de acordo com o tempo de inatividade?

</cQuestion>

<cQuestion> O provedor definiu objetivos rigorosos de tempo de recuperação como parte de seu plano de recuperação? </cQuestion>

<cQuestion> O fornecedor abordou o restauro paralelo no seu plano de recuperação?

</cQuestion>

<cPergunta> O provedor fez testes de restauração para ter uma boa idéia de quando os serviços poderão ser restaurados? </cPergunta>

</ameaça>

</vulnerabilidade>

-<vulnerabilidade title="Qualidade de gestão" level="0">

<vQuestion> O prestador de serviços não dispunha de pessoal qualificado para dar resposta a situações de crise?

</vQuestion>

<vPergunta> A direção não tinha conhecimentos técnicos? </vPergunta>

<vQuestion> A gestão da procura de carga foi insuficiente? </vQuestion>

<vQuestão> A administração não conseguiu monitorar o serviço de nuvem?
</vQuestão>

-<threat title="Falta de pessoal de qualidade para a resposta a situações de

crise">

<tPergunta> As equipas de resposta a crises são formadas apenas durante acontecimentos adversos?

</tQuestion>

<tQuestion> As equipas de resposta a crises são contratadas sem verificação de antecedentes?

</tQuestion>

<tQuestion> Os membros da equipa de resposta a crises sabem o que fazer ou têm de receber instruções? </tQuestion>

<tPergunta> O prestador não testou as equipas de resposta a situações de crise? </tPergunta>

<tPergunta> Passam-se horas antes da chegada das equipas de resposta à crise? </tPergunta>

<cPergunta> As equipas de resposta a situações de crise estavam totalmente criadas e prontas para responder?

</cQuestion>

<cPergunta> O pessoal da equipa de resposta a crises foi examinado como condição para

emprego? </cQuestion>

<cPergunta> As equipas de resposta a situações de crise receberam formação completa em matéria de recuperação de catástrofes?

</cQuestion>

<cPergunta> As equipas de resposta a crises foram submetidas a simulacros periódicos? </cPergunta>

<cPergunta> As equipas de resposta a crises estavam disponíveis 24 horas por dia, 7 dias por semana? </cPergunta>

</ameaça>

-<ameaça title="Ensino Técnico Inadequado">

<tQuestion> A gestão dos serviços de computação em nuvem é composta apenas por MBAs e advogados?

</tQuestion>

<tPergunta> Os quadros superiores são provenientes de outros sectores? </tPergunta>

<tQuestion> Será que a administração não viu a necessidade de ter o hardware e o software mais recentes? </tQuestion>

<tQuestion> As medidas de redução de custos das empresas diminuem a qualidade do serviço de computação em nuvem?

</tQuestion>

<tQuestion> O seu fornecedor de serviços de computação em nuvem parece estar mais preocupado com os lucros do que com qualquer outra coisa? </tQuestion>

<cPergunta> A gestão sénior do serviço de computação em nuvem tinha conhecimentos técnicos?

</cQuestion>

<cQuestion> A gestão teve experiência na prestação de serviços de computação em nuvem?

</cQuestion>

<cPergunta> A direção apoiava a atribuição de recursos completos de hardware e

necessidades de software? </cQuestion>

<cPergunta> A direção apoiou a atribuição de recursos completos ao pessoal de testes, monitorização e recuperação? </cPergunta>

<cPergunta> A gerência do provedor estava mais preocupada em fornecer um

serviço de nuvem de alta qualidade e com tempo de inatividade extremamente baixo acima de tudo? </cPergunta>

</ameaça>

-<threat title="Gestão insuficiente da procura de carga">

<tQuestion> O fornecedor não monitorizou a procura de carga? </tQuestion>

<tQuestion> O seu fornecedor não distribui o tráfego de entrada de aplicações por várias instâncias? </tQuestion>

<tQuestion> O seu fornecedor não reencaminha o tráfego em caso de problemas de saúde?

instâncias de serviço? </tQuestion>

<tQuestion> O seu fornecedor utiliza várias zonas de disponibilidade? </tQuestion>

<tQuestion> O seu fornecedor não utiliza software de balanceamento de carga? </tQuestion>

<cQuestion> O fornecedor aumentou a escala sem problemas durante os picos de procura?

</cQuestion>

<cPergunta> O seu fornecedor distribuiu automaticamente o tráfego de entrada de aplicações por várias instâncias? </cPergunta>

<cQuestion> O seu fornecedor redireccionou automaticamente o tráfego para instâncias de serviço saudáveis? </cQuestion>

<cQuestion> O provedor escalou em várias zonas de disponibilidade?

</cQuestion>

<cPergunta> O provedor utilizou software de balanceamento de carga que permitiu uma sessão transparente e sem interrupções?

</ameaça>

-<threat title="Falta de monitorização do serviço">

<tQuestion> Existem períodos em que o serviço de computação em nuvem não é monitorizado?

</tQuestion>

<tQuestion> Os registos de eventos e o histórico de desempenho só estão disponíveis para o

fornecedor? </tQuestion>

<tQuestion> O fornecedor não o notifica sobre problemas na configuração da sua conta? </tQuestion>

<tQuestion> Sabe quando é que as novas instâncias são lançadas e terminadas?

</tQuestion>

<tQuestion> Está às escuras em relação à saúde da sua sessão na nuvem?

</tQuestion>

<cPergunta> O fornecedor de serviços de computação em nuvem monitorizou o serviço 24 horas por dia, 7 dias por semana, com uma equipa de monitorização dedicada?

<cPergunta> O fornecedor disponibilizou livremente os eventos de registo e o histórico de desempenho aos seus clientes?

<cPergunta> O fornecedor alertou-o para contas de nuvem mal configuradas ou escalonamento automático defeituoso? </cPergunta>

<cQuestion> O fornecedor disponibilizou alertas de utilização da nuvem?

</cQuestion>

<cQuestion> O seu fornecedor de serviços de computação em nuvem ofereceu uma ferramenta para monitorizar a sua sessão de computação em nuvem? </cQuestion> </threat>

</vulnerabilidade>

-<vulnerabilidade title="Factores macroeconómicos e de custos" level="0">

<vQuestion> O plano de pagamento do seu fornecedor é inconveniente? </vQuestion>

<vPergunta>A economia está a crescer lentamente ou de forma insignificante? </vPergunta>

<vPergunta>As taxas de juro são elevadas? </vPergunta>

<vPergunta> Existe um ambiente regulamentar adverso? </vPergunta>

-<threat title="Planos de pagamento inadequados">

<tQuestion> É necessário pagar adiantado e efetuar um depósito? </tQuestion>

<tQuestion> As facturas em papel são recebidas por correio, que por vezes se pode perder ou passar despercebido? </tQuestion>

<tQuestion> Não sabe como é calculada a sua fatura? </tQuestion>

<tQuestion> O seu fornecedor aumenta os encargos geometricamente à medida que são consumidos cada vez mais recursos informáticos? </tQuestion>

<tQuestion> Os planos de pagamento beneficiam mais o prestador do que o utilizador?

</tQuestion>

<cPergunta> A empresa oferece planos de pagamento? </cPergunta>

<cPergunta> A empresa digitalizou a faturação? </cPergunta>

<cQuestion> As taxas de serviço foram explicitamente indicadas no Nível de Serviço

Acordo (SLA)? </cQuestion>

<cPergunta> O aumento dos recursos informáticos cobrou o progresso aritmeticamente?

</cQuestion> <cQuestion> O fornecedor ofereceu planos adaptados às suas necessidades e conveniência?

</cQuestion>

</ameaça>

-<ameaça title="Taxas de crescimento baixas">

<tPergunta> A economia está a crescer lentamente? </tPergunta>

<tQuestion> Está a reduzir as despesas com TI? </tQuestion>

<tPergunta> A procura dos consumidores é baixa? </tPergunta>

<tPergunta> O fornecedor tem despesas gerais significativas? </tPergunta>

<tPergunta> O fornecedor não diversificou a sua base de clientes? </tPergunta>

<cQuestion> O fornecedor descontou o seu serviço de nuvem? </cQuestion>

<cPergunta> O fornecedor mostrou como é possível poupar dinheiro através da computação em nuvem? </cPergunta>

<cPergunta> O prestador de serviços ofereceu promoções ou descontos aos consumidores?

</cQuestion>

<cPergunta> O prestador de serviços efectuou cortes nos custos da empresa? </cPergunta>

<cPergunta> O prestador ofereceu serviços aos consumidores, ao governo ou a nível internacional? </cPergunta>

</ameaça>

-<threat title="Taxas de juro elevadas">

<tPergunta> As taxas de juro são elevadas? </tPergunta>

<tPergunta> O prestador ofereceu uma alternativa de pagamento? </tPergunta>

<tQuestion> Os pagamentos estão atrasados ou são parciais? </tQuestion>

<tPergunta> O fornecedor tem despesas gerais significativas? </tPergunta>

<tPergunta> O prestador não diversificou o seu financiamento? </tPergunta>

<cPergunta> O fornecedor obteve capital através de ofertas de obrigações ou acções em vez de empréstimos? </cPergunta>

<cPergunta> O prestador de serviços ofereceu um desconto pelo pagamento antecipado? </cPergunta>

<cPergunta> O fornecedor facilitou as condições de pagamento? </cPergunta>

<cPergunta> O prestador utilizou contratos a prazo para atenuar os aumentos das taxas de juro?

</cQuestion>

<cPergunta> O fornecedor obteve capital em mercados estrangeiros ou a título privado?

</cQuestion>

</ameaça>

-<threat title="Mercado Regulamentar Adverso">

<tPergunta> O sector está a enfrentar um maior controlo regulamentar? </tPergunta>

<tQuestion> O fornecedor tem uma posição predominante no sector?

</tQuestion>

<tQuestion> A legislação pendente terá um impacto negativo no sector?

</tQuestion>

<tQuestion> As novas empresas são difíceis de lançar devido a medidas regulamentares?

</tQuestion>

<tPergunta> O prestador não monitorizou os eventos regulamentares? </tPergunta>

<cPergunta> O sector contratou representantes de grupos de pressão e de relações públicas?

</cQuestion>

<cPergunta> O prestador de serviços cindiu entidades empresariais? </cPergunta>

<cPergunta> O sector apresentou o seu caso em Washington? </cPergunta>

<cPergunta> O fornecedor tinha filiais estrangeiras em mercados menos regulamentados?

</cQuestion>

<cPergunta> O prestador de serviços dispunha de pessoal jurídico e empresarial que monitorizava os eventos regulamentares?

</ameaça>

</vulnerabilidade>

-<vulnerabilidade title="Percepções dos clientes (PR) e transparência" level="0">

<vQuestion> O fornecedor não tem um esforço de relações públicas? </vQuestion>

<vQuestion> O fornecedor recebeu publicidade negativa recentemente? </vQuestion>

<vQuestion> As suas queixas são ignoradas? </vQuestion>

<vQuestão> O prestador de serviços tem falta de abertura? </vQuestão>

-<threat title="Falta de promoção de relações públicas">

<tPergunta> O fornecedor faz poucos esforços para moldar as percepções do público sobre

</tQuestion>

<tQuestion> As notícias da empresa raramente têm origem na própria empresa? </tQuestion>

<tQuestion> Os porta-vozes das empresas raramente são ouvidos? </tQuestion>

<tQuestion> O prestador de serviços raramente aparece aos olhos do público? </tQuestion>

<tQuestion> O prestador de serviços não conseguiu criar uma boa vontade pública? </tQuestion>

<cPergunta> O fornecedor fez uma campanha de relações públicas? </cPergunta>

<cPergunta> O fornecedor tinha um departamento de relações com a empresa que fornecia comunicados de imprensa? </cPergunta>

<cPergunta> A empresa disponibilizou oradores ou representantes para entrevista? </cPergunta>

<cPergunta> O fornecedor contratou uma empresa de relações públicas? </cPergunta>

<cPergunta> O prestador de serviços participou em acções de caridade ou na prestação de serviços gratuitos a escolas ou outras organizações sem fins lucrativos para criar uma boa vontade pública?

</ameaça>

-<threat title="Notícias adversas da empresa">

<tQuestion> A empresa foi alvo de publicidade negativa? </tQuestion>

<tQuestion> A empresa deixou passar notícias negativas sem reagir?

</tQuestion>

<tPergunta> A empresa não explica as interrupções de serviço? </tPergunta>

<tPergunta> As notícias surgem sem uma reação atempada? </tPergunta>

<tQuestion> As respostas aos acontecimentos noticiosos são deixadas ao pessoal mais jovem da empresa?

</tQuestion>

<cPergunta> A empresa contrabalançou a publicidade com os seus próprios

oradores e

representantes? </cQuestion>

<cPergunta> A empresa explicou completamente o seu lado de uma determinada situação?

</cQuestion>

<cPergunta> A empresa declarou que foram tomadas medidas corretivas e implementadas medidas preventivas? </cPergunta>

<cPergunta> O departamento de relações empresariais da empresa forneceu actualizações regulares e atempadas das notícias? </cPergunta>

<cPergunta> O diretor-geral ou outro quadro superior da empresa deu um passo em frente?

</cQuestion>

</ameaça>

-<threat title="Falta de resposta às queixas dos clientes">

<tQuestion> Os erros de faturação são uma fonte frequente das suas queixas? </tQuestion>

<tQuestion> O fornecedor cobrava o mesmo mesmo mesmo que houvesse falhas de serviço?

</tQuestion>

<tQuestion> O fornecedor demora dias ou mesmo semanas a responder? </tQuestion>

<tQuestion> É frustrante fazer alterações na conta ou na configuração?

</tQuestion>

<tPergunta> É necessária uma investigação aprofundada para determinar os encargos? </tPergunta>

<cPergunta> Dispõe de um escritório dedicado ou de um executivo de contas que

pode facilmente

para corrigir erros de faturação? </cQuestion>

<cPergunta> O fornecedor efectuou um rateio ou um reembolso em caso de interrupção do serviço?

</cQuestion>

<cPergunta> O prestador de serviços tem uma política de resposta no prazo de 24 horas às suas

queixas ou perguntas? </cQuestion>

<cPergunta> O fornecedor ofereceu tutoriais ou ajuda em direto para resolver problemas de conta ou

alterações de configuração? </cQuestion>

<cQuestion> Os termos e encargos do serviço estão claramente definidos no SLA?

</cQuestion>

</ameaça>

-<threat title="Falta de abertura">

<tPergunta> O fornecedor tem uma cultura empresarial fechada? </tPergunta>

<tQuestion> É muito difícil obter informações da empresa? </tQuestion>

<tQuestion> É difícil contactar uma pessoa da empresa? </tQuestion>

<tQuestion> Parece-lhe que a empresa se esconde atrás dos advogados e da sua linguagem jurídica? </tQuestion>

<tQuestion> Em caso de crise, a empresa reage lentamente? </tQuestion>

<cPergunta> A empresa fez esforços visíveis para estar aberta ao público?

</cQuestion>

<cPergunta> A empresa explicou claramente as suas acções e racionalidade em fóruns públicos? </cPergunta>

<cPergunta> Os porta-vozes e outros representantes das empresas estão sempre disponíveis?

</cQuestion>

<cPergunta> As informações, encargos, contratos, etc. da empresa foram apresentados numa linguagem facilmente compreensível?

<cPergunta> Em caso de crise, o prestador reagiu rapidamente perante a opinião pública?

</cQuestion>

</ameaça>

</vulnerabilidade>

</survey>

SOBRE OS AUTORES

O Dr. M. Sahinoglu é o diretor fundador do Instituto de Informática (2009) e fundador do Programa de Pós-Graduação em Sistemas Cibernéticos e Segurança da Informação (2010) na Universidade de Auburn em Montgomery (AUM). Anteriormente, Eminent Scholar e ChairProfessor no Departamento de Informática da Universidade de Troy, possui um B.S. (1973) da METU-Ankara-Turquia e M.S. (1975) em Engenharia Eletrotécnica e de Computadores da Universidade Victoria de Manchester, Reino Unido, e um Ph.D. (1981) em EE e Estatística da Universidade Texas A&M em conjunto. É autor de Trustworthy Computing (2007) e Cyber-Risk Informatics: Engineering Evaluation with Data Science (2016) ambos pela Wiley Inc., Hoboken, New Jersey nos EUA.

Scott Morton licenciou-se summa cum laude com um mestrado em Ciências da Computação na Universidade de Troy. É investigador associado na AUM e também professor de Ciências Informáticas na Troy University Montgomery e na South University Montgomery. O seu principal interesse de investigação é a avaliação de riscos de cibersegurança.

C. Vadla e K. Medasani são estudantes de pós-graduação na Auburn University Montgomery inscritos no Programa de Ciber-sistemas e Segurança da Informação.

Printed by Books on Demand GmbH, Norderstedt / Germany